Peter Selg

Der therapeutische Blick
Rudolf Steiner sieht Kinder

Paed. Vortrag Prag 4. April:

1) Absicht der paed. didact. Methode

2) An den Menschen herankommen.
   Menschen - Erkenntnis. Entwickelns
   vom sechen Jahre an. Freiwerden
   des Seelisch= Geistigen.

3.) Kind wie ein Sinnesorgan.

4.) Dann bildhaftes Erfassen. Künstler
   in der Erziehung und im Unterricht.
   Schreiben. Lesen.
   9. Lebensjahr: Krise.
   12. Lebensjahr.

   Moral = Erziehung und
   das Bild =

Notizbucheintragung Rudolf Steiners zum Vortrag vom 4.4.1924 (GA 297a, S. 200)

Peter Selg

Der therapeutische Blick

Rudolf Steiner sieht Kinder

Verlag am Goetheanum

Monographien zur geisteswissenschaftlichen
Entwicklungsphysiologie und Pädagogik

2. Band

Herausgegeben vom
Ita Wegman Institut
für anthroposophische Grundlagenforschung
Pfeffingerweg 1 A
CH–4144 Arlesheim

www.vamg.ch

4. Auflage 2018
Umschlaggestaltung von Wolfram Schildt, Berlin, unter Verwendung
des Fotos «Mai 1908 in Oslo im Hause von Familie Reitan»
© Copyright 2018 by Verlag am Goetheanum, CH–4143 Dornach
Alle Rechte vorbehalten
Satz: Höpcke, Hamburg
Druck und Bindung: Druckhaus Nomos, Sinzheim

ISBN 978-3-7235-1434-4

Karl Schubert
und
Karl König
gewidmet

*«Ich möchte Ihnen erzählen, wie Rudolf Steiner
Kinder, die ihm vorgeführt wurden, angeschaut hat
und was ihm wichtig vorkam, zu beobachten.»*

Ita Wegman[1]

Inhaltsverzeichnis

VORWORT

Oben in der halb geöffneten Tür stand Rudolf
Steiner, der eben einen anderen Gast entlassen
hatte, und schaute mir höchst aufmerksam zu,
wie ich langsam die Treppe heraufstieg. Ich habe
nie einen Menschen so aufmerksam beobachten
sehen, wie er es konnte. Es war, als ob er – ganz
unbeweglich, aber selbstlos hingegeben – den anderen sich selbst gleichsam noch einmal erschaffen
ließe, in einem feinen Element der eigenen Seele,
das er ihm zu diesem Zweck darbot. Es war kein
Nachdenken über den anderen, sondern mehr ein
inneres geistiges Nachbilden, in dem das ganze
Werden des anderen offenbar werden konnte.

Friedrich Rittelmeyer[2]

Rudolf Steiners Wahrnehmungsmöglichkeit seines jeweiligen Gegenübers, die Intensität seiner Aufmerksamkeit,
Beziehung und Begegnung, war außerordentlich. Sie ge-
stattete ein erkennendes Gewahrwerden des Anderen in
den verschiedensten Schichten seines Wesens und in einem
schöpferischen Vorgang, den Friedrich Rittelmeyer in fei-
ner Differenziertheit aufzufassen und zu charakterisieren
vermochte – *«Es war, als ob er [Rudolf Steiner] – ganz
unbeweglich, aber selbstlos hingegeben – den anderen sich
selbst gleichsam noch einmal erschaffen ließe, in einem feinen Element der eigenen Seele, das er ihm zu diesem Zweck
darbot.»* Ein solches Vermögen, wie es hier von einem
(zu dieser Zeit) protestantischen Theologen an Steiner

erfahren wurde, zumindest aber eine solche intentionale Bemühung und Ausrichtung der personalen Wahrnehmung beschrieb Rudolf Steiner selbst als Voraussetzung einer jeglichen pädagogischen und heilpädagogischen Arbeit mit Kindern. In seiner Ansprache zur Eröffnung der Freien Waldorfschule in Stuttgart sagte er am 7. September 1919 in subtiler Andeutung:

> [...] Wir brauchen als Erzieher eine Erweckung der lebendigen Menschennatur, die in sich das ganze Kind wieder erlebt, indem sie mit ihm in geistige Beziehung tritt. (298, 32[3])

*

Rudolf Steiners pädagogisches Vortrags- und Schriftwerk, die stenographischen Mitschriften seiner Konferenzen mit den Stuttgarter Waldorflehrern, aber auch seine heilpädagogischen, medizinischen und allgemein-anthroposophischen Ausführungen weisen eine Fülle von methodischen Anleitungen zur tieferen Erfassung der Kindesnatur in allgemeiner wie spezieller Hinsicht auf. Zahlreiche dieser Hinweise und Anregungen – insbesondere in Richtung einer typologischen Charakteristik der Kindesnatur in physiologischer und pathologischer Orientierung – wurden von Schülern Rudolf Steiners aufgearbeitet und in annähernd systematisierter Form zur Darstellung gebracht.[4] Stellt man sich jedoch in konsequenter Fragerichtung der von Ita Wegman 1934 im Rahmen einer heilpädagogischen Weiterbildung erstmals aufgeworfenen Thematik, *«wie Rudolf Steiner Kinder, die ihm vorgeführt wurden, angeschaut hat»*, so wird deutlich, dass Steiners vielfältige Anregungen für Pädagogen, Heilpädagogen und Ärzte nicht vorschnell mit der Realität des von ihm selbst praktizierten Vorgehens identifiziert werden können. Als

Initiat[5] verfügte Rudolf Steiner über andere Fähigkeiten und Möglichkeiten, als er sie innerhalb seiner Hörerschaft voraussetzen konnte. Steiners Schulungshinweise sind zwar keineswegs durch einen absoluten Hiatus von der Wirklichkeit seiner eigenen Kindes-Wahrnehmungen und -Begegnungen getrennt, sondern erschließen zahlreiche Elemente derselben in methodischer Weise. Dennoch (oder vielmehr gerade angesichts dieser Tatsache) ist es notwendig, sich der Differenz zwischen Steiners didaktisch formulierten Schulungshinweisen und seiner eigenen, je aktuell realisierten Kindes-Anschauung bewusst zu sein und vor ihrem Hintergrund seine – partiell autobiographisch geprägten und von konkreten Kindern berichtenden – Schilderungen zu lesen und sukzessive zu durchdringen. Deutlich wird im Verfolg dieser Bemühung unter anderem, wie entschieden die von Rudolf Steiner gelehrte typologische Zugangsweise zur Wirklichkeit des Kindes eine methodische Zwischenstufe der Annäherung bedeutete und auf eine – jegliche Typologic übersteigende, d. h. diese instrumentalisierende und letzten Endes aufhebende – Individualitätserkenntnis zielte. Die Gestalt-, Funktions- und Temperamentsproportionen des Kindes, zu deren differenzierten Wahrnehmung und Berücksichtigung Rudolf Steiner die Erzieher und Ärzte unermüdlich anhielt, sind demzufolge sinnvolle bzw. schicksalhaft notwendige Verwirklichungsformen einer Individualität, die sich dieser – in sich allgemeinen, wenn auch je besonders ausgeformten – Gestaltungen im Vollzug ihrer beginnenden Erdenbiographie bedient. Um die Erkenntnis und kulturelle Verbreitung der letztendlich individuell-karmischen Dimension des Menschenlebens zentrierte sich nicht nur Rudolf Steiners allgemeiner Zivilisationsauftrag, sondern auch seine spezifische Kindes-Anschauung, -pädagogik und -therapie – *«das ist das Allerwichtigste, das man durchschauen muss»* (310, 41 f.).

*

Rudolf Steiner hatte einen taubstummen, fünf Jahre jüngeren Bruder, der zeitlebens hilfsbedürftig blieb. Mit ihm – Gustav Steiner – wurde Rudolf Steiner groß, in täglichem, vertrautem, anschaulichem Umgang. Dreiundzwanzigjährig, nach Abschluss seiner naturwissenschaftlichen Hochschulstudien und parallel zu seinen Goethe-Arbeiten, übernahm Rudolf Steiner 1884 dann die Erziehung und therapeutische Förderung eines elfjährigen, an einer ausgeprägten Hydrocephalie leidenden Kindes – ein Vorgang, über den er in den letzten Jahren seines Lebens wiederholt berichtete.[6] Noch im Frühjahr 1924, ein Jahr vor seinem Tod, schrieb er in einer autobiographischen Darstellung:

Er [Otto Specht] hatte, als ich ins Haus kam, sich kaum die allerersten Elemente des Lesens, Schreibens und Rechnens erworben. Er galt als abnormal in seiner körperlichen und seelischen Entwicklung in einem so hohen Grade, dass man in der Familie an seiner Bildungsfähigkeit zweifelte. Sein Denken war langsam und träge. Selbst geringe geistige Anstrengung bewirkte Kopfschmerz, Herabstimmung der Lebenstätigkeit, Blasswerden, besorgniserregendes seelisches Verhalten. Ich bildete mir, nachdem ich das Kind kennen gelernt hatte, das Urteil, dass eine diesem körperlichen und seelischen Organismus entsprechende Erziehung die schlummernden Fähigkeiten zum Erwachen bringen müsse; und ich machte den Eltern den Vorschlag, mir die Erziehung zu überlassen. Die Mutter des Knaben brachte diesem Vorschlage Vertrauen entgegen, und dadurch konnte ich mir diese besondere pädagogische Aufgabe stellen. Ich musste den Zu-

gang zu einer Seele finden, die sich zunächst wie in einem schlafähnlichen Zustande befand und die allmählich dazu zu bringen war, die Herrschaft über die Körperäußerungen zu gewinnen. Man hatte gewissermaßen die Seele erst in den Körper einzuschalten. Ich war von dem Glauben durchdrungen, dass der Knabe zwar verborgene, aber sogar große geistige Fähigkeiten habe. Das gestaltete mir meine Aufgabe zu einer tief befriedigenden. Ich konnte das Kind bald zu einer liebevollen Anhänglichkeit an mich bringen. Das bewirkte, dass der bloße Verkehr mit demselben die schlummernden Seelenfähigkeiten zum Erwachen brachte. Für das Unterrichten musste ich besondere Methoden ersinnen. Jede Viertelstunde, die über ein gewisses dem Unterricht zugeteiltes Zeitmaß hinausging, bewirkte eine Beeinträchtigung des Gesundheitszustandes. Zu manchen Unterrichtsfächern konnte der Knabe nur sehr schwer ein Verhältnis finden.
Diese Erziehungsaufgabe wurde für mich eine reiche Quelle des Lernens. Es eröffnete sich mir durch die Lehrpraxis, die ich anzuwenden hatte, ein Einblick in den Zusammenhang zwischen Geistig-Seelischem und Körperlichem im Menschen. Da machte ich mein eigentliches Studium in Physiologie und Psychologie durch. Ich wurde gewahr, wie Erziehung und Unterricht zu einer Kunst werden müssen, die in wirklicher Menschen-Erkenntnis ihre Grundlage hat. (28, 104 f.)

Obwohl Rudolf Steiner in seinen autobiographischen Schilderungen die tieferen spirituellen Aspekte des skizzierten Erziehungs- und Heilungsprozesses für sich behielt[7], wurde durch seine Darstellungen deutlich, welche zentrale Bedeutung diesem Therapievorgang für seine eigene Lebensarbeit zukam. Es handelte sich, so Steiner, bei der Förderung des hydrocephalen Kindes darum, *«dass man die Möglichkeit [gewann], in das Innere eines Menschen hereinzuschauen»* (303, 337). Rudolf Steiner behandelte Otto Specht seinen eigenen Worten zufolge «ganz von der Seite der Leiblichkeit aus» (303, 337); er hatte das konstitutionelle Problem des Kindes in geistiger Erfahrung durchdrungen, durch ein «vertieftes Beobachten im Einzelfalle» (310, 38) und mit Hilfe eines «in Liebe vertieften Blickes» (ebd.), ja einer etablierten inneren Verbindung, die zur Voraussetzung einer gesteigerten Erkenntnisarbeit und einer substantiellen therapeutischen Förderung wurde. (*«Ich konnte das Kind bald zu einer liebevollen Anhänglichkeit an mich bringen. Das bewirkte, dass der bloße Verkehr mit demselben die schlummernden Seelenfähigkeiten zum Erwachen brachte.»*) An der besonderen Krankheits- und Therapiesituation des Kindes erkannte Rudolf Steiner nicht nur die typologische Kräfte-Pathologie der hydrocephalen Erkrankung (und, sehr wahrscheinlich, den individuellen Schicksalsgang Otto Spechts), sondern in fundamentaler Weise die geistig-physische Organisation des menschlichen Organismus. (*«Es eröffnete sich mir durch die Lehrpraxis, die ich anzuwenden hatte, ein Einblick in den Zusammenhang zwischen Geistig-Seelischem und Körperlichem im Menschen. Da machte ich mein eigentliches Studium in Physiologie und Psychologie durch.»*) In darauf – indirekt – Bezug nehmenden Vortragsschilderungen sagte Rudolf Steiner später:

[…] Man lernt das Geistig-Seelische eben kennen, wenn man gerade den kranken Körper des Kindes kennen lernt. An den Schwierigkeiten, die das Geistig-Seelische bei einem kranken Körper hat, um sich zu äußern, lernt man die Art und Weise erkennen, wie die Seele, wenn sie sich eben dann besonders äußert, den Organismus ergreift. (310, 91 f.)

Und an anderer Stelle hieß es weiter:

Sehen Sie, gesunde Kinder sind verhältnismäßig schwer zu studieren, weil bei ihnen alle Eigenschaften verwaschen sind. Man kommt nicht so leicht darauf, wie die einzelne Eigenschaft da drinnen sitzt, und wie sie sich mit der anderen zusammenschließt. Bei einem kranken Kinde, wo *ein* Eigenschaftskomplex vorliegt, da kommt man sehr bald darauf, den besonderen Eigenschaftskomplex auch pathologisch zu behandeln. Das kann man dann anwenden bei gesunden Kindern. (305, 135)

Wenig ist bis heute darüber bekannt, welche Kinder Rudolf Steiner in den folgenden dreieinhalb Jahrzehnten (!) bis zur Eröffnung der Stuttgarter Waldorfschule im einzelnen begleitete und welche Eltern er mit Hilfestellungen beriet (*«ich könnte manchen anderen [Fall] auch noch anführen»* 303, 338). Dass Steiner aber immer wieder Sorgenkinder – auch in denkbar unpassenden Situationen – vorgestellt wurden, ist dokumentarisch belegt (*«[Rudolf Steiner] kam erschöpft von einem Vortrag heraus, war zunächst unwillig, als die Mutter ihn im Künstlerzimmer der Philharmonie ansprach. Als er aber das Kind sah, ging er sofort auf ihre Bitte ein.»*[8]); ebenso deutlich ist, dass seine theosophisch-anthroposophischen Zuhörer lange Zeit überhaupt nicht daran dachten, Rudolf Steiners diagnostisch-therapeutische Fähigkeiten und Gesichtspunkte der allgemeinen Zivilisation zur Verfügung zu stellen, d. h. methodisch und initiativ in den Bereich der Pädagogik und Heilpädagogik einzubringen. Über die Rezeption seiner – auch in physiologisch-pathophysiologischer Hinsicht – wegweisenden pädagogischen Publikation aus dem Jahre 1907 sagte Rudolf Steiner noch im Sommer 1924:

Mein kleines Schriftchen «Die Erziehung des Kindes vom Gesichtspunkte der Geisteswissenschaft», das ziemlich im Anfange der anthroposophischen Bewegung entstand, war da, mit allerlei Anweisungen, aber eigentlich ein ganzes System der Pädagogik schon enthaltend. Es wurde nicht besonders als etwas genommen, als dass die Mütter ihre Kinder im Sinne dieses Büchelchens erziehen wollten. Man wurde immer wieder gefragt: Soll man dieses Kind blau anziehen, soll man jenes rot anziehen; soll man diesem eine gelbe Bettdecke geben, jenem eine rote? – Man wurde auch gefragt, was das eine Kind essen solle und so weiter. Ein schönes Bestreben in pädagogischer Beziehung, aber es ging nicht besonders weit. (310, 173)

Erst mit der Begründung der Stuttgarter Waldorfschule durch die Initiative des Fabrikanten Emil Molt begann eine Entwicklung in den letzten Jahren von Steiners Erdenleben, die von einer umfassenderen Aufnahmebereitschaft dessen gekennzeichnet war, was Rudolf Steiner seit vielen Jahrzehnten veranlagt und vorbereitet hatte, gerade auch im Hinblick auf eine geisteswissenschaftlich vertiefte Kindes-Anschauung und -Förderung. (*«Dasjenige, was mit dieser anthroposophischen Bewegung schon seit ihrem Anfang vor zwanzig Jahren gewollt worden ist, das kommt eigentlich erst jetzt langsam zur Offenbarung.»* 23.12.1921; 303) Was Rudolf Steiner nun dem Lehrerkollegium der Freien Waldorfschule und – im Sommer 1924, kurze Zeit vor Anbruch seines Krankenlagers – den ersten Heilpädagogen der anthroposophischen Bewegung[9] anfänglich anvertrauen und übergeben konnte, waren die vielseitig weiter ausgebildeten Elemente und Motive seiner Behandlung von Otto Specht – im Hinblick auf die Qualität der liebegetragenen Beziehung, der typologischen Krankheitserfahrung und der karmisch-singulären Individualitätserkenntnis. Von diesen Aspekten jenes nach wie vor geheimnisvoll-verborgenen Vorganges, *«wie Rudolf Steiner Kinder, die ihm vorgeführt wurden, angeschaut hat, und was ihm wichtig vorkam zu beobachten»*, soll nachfolgend in erster Annäherung die Rede sein.

Für die Anregung zur Bearbeitung dieser Frage bzw. für die auffordernde Einladung zu einem Vortrag mit dem anspruchsvollen Titel: «Wie hat Rudolf Steiner ein Kind betrachtet?» innerhalb einer pädiatrischen Fortbildungswoche des Anthroposophischen Ärzteseminars an der Filderklinik danke ich meinen Kollegen *René Madeleyn*, *Georg Soldner* und *Armin Husemann*. Darüber hinaus gilt mein Dank meinem Lehrer *Peter Matthiessen* für die vorbildlich praktizierte diagnostisch-therapeutische Arbeit im Rahmen der adoleszenzpsychiatrischen Abteilung des Gemeinschaftskrankenhauses Herdecke sowie für die von ihm im Anschluss an Wolfgang Blankenburg[10] durchgeführte Ausarbeitung bzw. Reaktualisierung der wissenschaftstheoretisch wie medizinpraktisch hochrelevanten Fragestellungen nach der Beziehung zwischen Nomothetik und Idiographik – dem gesetzmäßig Allgemeinen und dem individuell Besonderen, ja lebensgeschichtlich-schicksalhaft Einzigartigen.

Arlesheim, Juli 2005 *Peter Selg*

I.

Ein «in Liebe vertiefter Blick»

> [...] Wir brauchen als Erzieher eine Erweckung
> der lebendigen Menschennatur, die in sich das
> ganze Kind wieder erlebt, indem sie mit ihm in
> geistige Beziehung tritt. (298, 32)

Als Rudolf Steiner im August 1919 seinen eröffnenden
Vortragskurs für die Lehrer der Freien Waldorfschule
in Stuttgart hielt, entwickelte er keine pädagogischen
Grundsätze oder Techniken, sondern formulierte eine
umfassende Inkarnationslehre – eine anthropologisch-an-
throposophische Entwicklungslehre, in deren Mittelpunkt
der «werdende Mensch» (310, 175) stand. Rudolf Steiner
wollte die realen Erkenntnisfähigkeiten des Lehrerkollegiums für die Gestalt und Situation des Kindes schulen
– und sagte im Begründungskontext eines späteren Vortrags:

> Daher kann die erste Aufgabe, die für die Pädagogik auf der
> Grundlage der Anthroposophie erfüllt werden kann, diese
> sein, dass man zunächst darauf hinarbeitet, dass die Lehrer,
> die Erzieher im tiefsten Sinne Menschenerkenner seien, und
> dass sie, wenn sie diese Gesinnung nach rechter Menschen-
> beobachtung in sich aufgenommen haben, mit der Liebe,
> die aus dieser Gesinnung folgt, an das Kind herantreten.
> (310, 37)

Die für die Ausbildung einer neuen Unterrichtsweise und
Schulform notwendige Gesinnung und Vorgehensweise
sollte – im Sinne einer «spirituell-physiologischen Päda-

gogik und Didaktik» (305, 20) – aus realer *«Menschener-kenntnis»* erstehen, ihrerseits jedoch in «Liebe» münden.

Von einem notwendigen «Erkenntnisverhältnis» des Erziehers zu dem Kind bzw. von der Erfordernis eines tieferen Kennenlernens als Basis einer realen pädagogischen Beziehung sprach Rudolf Steiner dann auch wiederholt (vgl. 300 a, 156[11]) – einer Erkenntnis, die in unmittelbarer Weise die innere Beziehung und Handlungswirklichkeit des Lehrers bestimmen sollte. Am Beispiel der notwendigen Temperamentserfahrung und -handhabung sagte Steiner in einer Lehrerkonferenz:

> Sobald man das Temperament eines Kindes richtig beurteilen kann, kommt alles andere von selbst. Man müsste sich den Blick aneignen, dass man, wenn man den Namen aufruft, das Temperament im Klang der Stimme schon darin hat. (300 a, 127)

Rudolf Steiners konsequente Aufforderung an die Stuttgarter Lehrer war dabei von Anfang an, die einzelnen Kinder konkret zu studieren – nicht in allgemein-anthropologischer Wendung, sondern im Besonderen, d. h. in der individualisierten Ausformung des Typologisch-Typischen. Dieses Besondere sollte bis in die seelische Konfiguration des einzelnen Kindes mit höchster Aufmerksamkeit beobachtet und verfolgt werden – «die Kindergemüter müssen studiert werden!» (300 a, 161). Es sei die Aufgabe des Lehrers, so Steiner, ein «genaues psychisches Bild» jedes Schülers in seiner Seele zu tragen bzw. auszubilden (300 c, 183), sich einen psychologischen Blick für die einzelnen Schülerindividualitäten zu erwerben (300 c, 187) und realiter ganz aus den Kindern heraus zu arbeiten (300 a, 156): «Verstehenlernen der Kinder. Sich gar nicht vornehmen, sie müssen so oder so sein.» (300a, 156) Immer wieder hob Steiner in seinen entsprechenden Darstellungen hervor, dass ein wirkliches *Interesse* für die Kinder in den Erziehern vorhanden sein müsse, ein Interesse als Voraussetzung eines direkten und in sich absoluten Bezuges, ein «unterbewusstes geheimnisvolles Band» (298, 30), das den intimen Kontakt zum Kind und seine immer genauere Erkenntnis ermögliche und fundiere. Die vertiefte, von Liebeskräften durchzogene anthropologische Erkenntnisrichtung rücke das einzelne, individuelle Kind in den Mittelpunkt des erzieherischen Bewusstseins – und dies auch dann, wenn die Klassengemeinschaft groß sei:

> [...] Wer sich in dieser Weise liebevoll in das einlebt, was hier als Menschenerkenntnis auseinandergesetzt wird, der eignet sich schnell die Möglichkeit an, in einer Klasse, wo selbst viele Schüler sind, für jeden einzelnen die entsprechende Aufmerksamkeit, die er braucht, zu haben. (310, 94)

Das «liebevolle Einleben» in die Menschenerkenntnis verstand Steiner dabei ganz offenbar als vorbereitende Verinnerlichung der anthroposophischen Anthropologie (und damit als eine intensiv betriebene Bemühung um die bildenden Ordnungsgesetze des «werdenden Menschen»), zugleich jedoch als den Vorgang des konkreten «Sich-Hinüberversetzens» bzw. «Aufgehens» in das einzelne Kind (309, 94) in «voller Liebesfähigkeit» (317, 39), d. h. als ein «liebevolles Einleben» in die konkrete kindliche Individualität (317, 151). In den methodisch wegweisenden Worten Goethes:

> Es gibt eine zarte Empirie, die sich mit dem Gegenstand innigst identisch macht und dadurch zur eigentlichen Theorie wird.[12]

*

In den Lehrerkonferenzen der Stuttgarter Schule blieben Rudolf Steiners entsprechende Akzentuierungen nie abstrakt oder gar moralistisch, sondern standen in Beziehung zu einzelnen Kindern, für die Steiner intensiv eintrat und die er den Lehrern wiederholt anwaltschaftlich ans Herz legte. Dabei plädierte Steiner nicht nur in genereller Wendung für eine verstehende Toleranz unkonventioneller und ggf. auch disziplinarisch abweichender Verhaltensweisen («*Wer viel kennt, der weiß, dass die bedeutendsten Menschen Lausbuben waren.*» 300a, 140; «*Sind wir denn eine Anstalt zur Bewunderung braver Kinder?*» 300c, 132[13]), sondern praktizierte das von ihm vertretene «Hinsehen auf die Schülerindividualität mit Liebe» (300c, 169) auch bei Eintreffen elterlicher Klagen und Vorurteile. Mit wacher Aufmerksamkeit verfolgte Steiner nicht zuletzt die dabei auftretenden interaktiven Vorgänge – und sagte in einer hierfür exemplarischen Konferenzausführung:

> Also nicht wahr, da hat mir der Vater gewisse Klagen vorgebracht. Nun wäre es gut, wenn man das, was bei dem Jungen ist, vergleichen könnte mit dem, was der Vater klagt. Denn der Vater scheint in diesem Falle ein ziemlich unnützer Kläger zu sein, schultheißenhaft sich zu verhalten. Ja, ich werde mit dem Jungen reden. Mir scheint, dass der Vater ein unnützer Kläger ist, der allerlei Dinge, Kleinigkeiten, die der Junge ausfrisst, phantastisch ausgestaltet, sodass der Junge die Sachen macht, die der Vater suggeriert. (300a, 139f.)

Wiederholt zeigte Steiner dem Lehrerkollegium in diesem Zusammenhang auf, wie sehr einzelne kindliche Verhaltensweisen im Kontext des familiären Herkommens gesehen werden müssen. Das «genaue psychische Bild» des Kindes, ja die Kindes-Anschauung Rudolf Steiners implizierte durchaus die subtile Mit-Wahrnehmung und Bewertung dieser Umstände – in drastischen Worten hieß es so beispielsweise über den elterlichen Hintergrund zweier Kinder im Verlauf weiterer Lehrerzusammenkünfte:

Ich glaube nicht, dass man mit *der* Mutter so leicht fertig wird. Sie ist so eine Salonspinne. Man bemerkt oftmals bei den Kindern, die noch lenkbar sind und mit denen man im Grunde alles machen könnte, dass bei denen die schrecklichsten Familienverhältnisse zugrunde liegen. Dieser kleinere Bruder, der bei einer vorsichtigen Behandlung ein ausgezeichneter Junge wäre, der kann nicht hochkommen in diesem Milieu. Er ist begabt, er hat alle die Krankheiten, die seine Mutter hat, in erhöhtem Maße, nur in anderer Form. (300 a, 249 f.)

Es ist bei einem solchen schwierigen Jungen wie N. G. nur möglich, ihm gründlich mit Verständnis entgegenzukommen, wenn er noch einen Rest des Glaubens sich bewahren kann zu jemand, der völlig unbefangen sein kann mit dem Lebensgebiet, aus dem der Junge seine Erfahrungen geschöpft hat. Der Junge ist aufgewachsen als ein außerordentlich reger kleiner Geist, schon vom frühesten Bubenalter an. Er hat sehr geistreiche Antworten gegeben. Nun wächst er heran bei einer Mutter, welche die organisierte Verlogenheit ist. Eine von den Personen, die Herzkrämpfe kriegen und umfallen, aber auf den Teppich fallen und nicht daneben. Die organisierte Unwahrhaftigkeit. Eine Frau, die ihren Mann, der ein Flächling ist, ein ganz furchtbar trivialer Mensch, fortwährend an die Anthroposophie heranbringen wollte. Diese Dinge wussten die Kinder früh. Eine Komödie des Lebens, eine solche, die in der tragischsten Weise auf die Kinder wirken musste, so dass sie alles Vertrauen zu dem Leben verlieren mussten. (300 b, 71[14])

Auch für diese Zusammenhänge, so Steiner, müsse sich der Erzieher einen «Blick aneignen».

*

Alle «Problemkinder» der Stuttgarter Waldorfschule wurden von Anfang an mit Rudolf Steiner besprochen und ihm nach Möglichkeit auch vorgestellt.[15] Mit großem Erstaunen mussten die Lehrer trotz der stetig anwachsenden Schülerzahl in den folgenden Jahren[16] bemerken, dass Steiner – der immer wieder an Schulstunden teilnahm – die einzelnen Kinder in einer verblüffenden Weise kannte, d. h. bei seinen Kurzbesuchen im Klassenzusammenhang in prägnanter Weise wahrgenommen hatte. Nicht zuletzt die lernschwachen Kinder waren ihm – wie Jahrzehnte zuvor Otto Specht – ein unbedingtes Anliegen. Steiner richtete die Förderklasse ein und beschrieb die individuell notwendigen Maßnahmen im Verlauf zahlloser Kinderbesprechungen innerhalb der Lehrerkonferenzen – mit Exaktheit, Liebe und großem Weitblick für das dem Einzelnen Mögliche und bei adäquater Förderung in Zukunft zu Erreichende. Wiederkehrend gebrauchte er die Formulierung vom plötzlich «aufspringenden Knopf» (300a, 75/171/259; 300b, 63) – bereits kurz nach der Schuleröffnung hieß es in der Konferenz vom 25. September 1919:

> Bei beschränkten Kindern ist es ja oftmals so, dass plötzlich etwas bei ihnen aufspringt; sie bessern sich oft ganz plötzlich. Ich werde morgen der Schule einen Besuch machen und werde mir dann die einzelnen Kinder, besonders die beschränkten, daraufhin ansehen. (300a, 74)

Die Begegnung mit Rudolf Steiner war für viele der Kinder der eigentliche Beginn ihrer positiven Weiterentwicklung und Veränderung. Hatte Steiner bezüglich Otto Spechts festgehalten, dass die liebevolle Beziehung zu ihm die substantielle Voraussetzung für das Entfalten seiner Seelenkräfte gewesen war (*«Ich konnte das Kind bald zu einer liebevollen Anhänglichkeit an mich bringen. Das be-*

wirkte, dass der bloße Verkehr mit demselben die schlummernden Seelenfähigkeiten zum Erwachen brachte.»), so mussten die Stuttgarter Lehrer realisieren, dass auch Steiners – äußerlich sporadischer, aber innerlich tragender – Kontakt zu den Stuttgarter Schulkindern entscheidende Entwicklungen in Gang zu setzen vermochte. In der Schilderung der – ihrerseits hochbefähigten – Pädagogin Caroline von Heydebrand:

> Es war oft beschämend für uns, wenn wir schwierige Kinder, mit denen wir nicht fertig wurden, vor Dr. Steiner hinführten. Ich habe es selbst erlebt, als ich ihm einen Knaben brachte, den ich für den unbegabtesten und dümmsten Jungen hielt, der mir je vorgekommen war. Ich hatte oft darüber nachgedacht, dass der Knabe in die Hilfsklasse kommen müsste, obwohl ich ihn nicht gern weggegeben hätte. Ich führte ihn zu Dr. Steiner, und da war es erstaunlich, das zu erleben, was man auch bei seiner Anwesenheit in der Klasse immer beobachten konnte, wie die Kinder nämlich in seiner Gegenwart aufwachten und wirklich gescheiter wurden. Wenn Dr. Steiner sie fragte, fingen die Augen der Kinder an zu leuchten. Und die dumpfen Augen dieses Knaben, sie leuchteten auch auf. Er schaute vergnügt und unbefangen zu Dr. Steiner hinauf und wusste auf jede Frage, die Dr. Steiner ihm stellte, eine Antwort. Dr. Steiner wandte sich am Schluss der Prüfung zu mir und sagte nur: «Das scheint mir ein sehr geweckter Bursche zu sein.» Mit Freude und mit einer leisen Beschämung nahm ich das Kind wieder zu mir.[17]

Rudolf Steiner, so Caroline von Heydebrand, war eine Persönlichkeit, «deren weisheitsvolle Einsicht nur von Güte noch übertroffen wurde.»[18]

*

Den «in Liebe vertieften Blick» und die intensiv-aufmerksame Verbindung des Erziehers mit den Kindern beschrieb Steiner auch den jungen Heilpädagogen um Siegfried Pickert, Franz Löffler und Albrecht Strohschein im Juli 1924 als zentrale Voraussetzung ihrer therapeutischen Arbeit. In seinen Vorträgen des «Heilpädagogischen Kurses» forderte er seine Zuhörer wiederholt mit Nachdruck dazu auf, das «liebevolle Einleben» in die Konstitution und Situation des Seelenpflege-bedürftigen Kindes tatsächlich zu realisieren. Die anthroposophische Heilpädagogik war ohne Zweifel eine vertiefende Steigerung der Waldorfpädagogik – keine völlige Neuschöpfung, sondern eine radikalisierte Anwendung der in Stuttgart geübten und von Rudolf Steiner urbildlich praktizierten Kindes-Anschauung und -Förderung. Auch sie sollte von einer anthropologischen Grundlagenerkenntnis ausgehen und auf ihrer Basis zu einem immer weitergehenden Verständnis und einer immer tieferen Liebe zu den Kindern führen. *(«Daher kann die erste Aufgabe, die für die Pädagogik auf der Grundlage der Anthroposophie erfüllt werden kann, diese sein, dass man zunächst darauf hinarbeitet, dass die Lehrer, die Erzieher im tiefsten Sinne Menschenerkenner seien, und dass sie, wenn sie diese Gesinnung nach rechter Menschenbeobachtung in sich aufgenommen haben, mit der Liebe, die aus dieser Gesinnung folgt, an das Kind herantreten.»)* Dabei musste die Schulung der Heilpädagogen von einer unbedingten Aufmerksamkeit nicht nur für das Kind im Allgemeinen und Besonderen, sondern im Hinblick auf seine so ungewöhnlichen Lebensäußerungen und -schwierigkeiten ausgehen; diese, so Rudolf Steiner, mussten in detaillierter Weise wahrgenommen und verinnerlicht werden – von der Notwendigkeit einer «reinlichen» und «sorgfältigen» Anschauung, einer «durch und durch» beobachtend-wahrnehmenden Seelenhaltung, ja einem «sorgfältigen Acht geben» sprach Rudolf Steiner in den Kursvorträgen wiederholt (317, 13/19/69/68). In einer autobiographischen Schilderung hatte er sein tiefes menschliches Interesse als Voraussetzung der gelungenen Therapie Otto Spechts beschrieben (*«Ich kann schon sagen, dass ich weiß, was ich dem Umstande verdanke, dass mir eigentlich niemals ein Mensch uninteressant war. Schon als Kind war mir niemals ein Mensch uninteressant. Und ich weiß, ich hätte nicht jenen Knaben erziehen können, wenn mir nicht eigentlich alle Menschen interessant gewesen wären.»* 310, 94f.). Nun sagte Steiner – vierzig Jahre nach der begonnenen therapeutischen Beziehung zu Otto Specht – zu den jungen Heilpädagogen, dass das «tief innerlich Interessantfinden» abnormer Entwicklungen, ja ein immer «größeres und immer größeres Interesse […] für das Mysterium der menschlichen Organisation überhaupt» (317, 35) die Basis aller heilpädagogischen Arbeit sei. Die von Goethe genannte – und gelebte – «zarte Empirie» bedeutete eine reale Verbindung mit der Weltwirklichkeit – eine liebevolle Beziehung und Vereinigung als Voraussetzung und Inhalt individueller Erkenntnisarbeit («Es gibt eine zarte Empirie, die sich mit dem Gegenstand innigst identisch macht und dadurch zur eigentlichen Theorie wird.») In diesem Sinne implizierte Steiners «Interesse»-Begriff die substantielle Bewegung zur und in der Welt, beinhaltete keine distanzierte Neugier, sondern eine gesteigerte Verbindung («inter-esse»), einen praktizierten Sinn «für das Dabeisein bei den Dingen» (317, 102) in «kosmisch religiöser Einstellung» (317, 32). Goethe hatte die natürliche Welt anschaubar erlebt und auf der Basis einer vieljährigen Schulung in hoher Beweglichkeit durchdrungen – in seiner Weiterführung bedeutete Rudolf Steiners Akzentuierung der heilpädagogischen Aufmerksamkeit und Wahrnehmungs-Leistung ein gesteigert-«goetheanistisches» Einleben in das «Anschauen der Welt», ja die Ausbildung eines Sinnes «für Anschaubares» (317, 84), für die «unmittelbare Anschauung, auch die Anschauung des Geistigen» (317, 120). Deutlich wurde, dass Rudolf Steiner mit diesen Formulierungen einen methodischen, von ihm selbst bereits vor Jahrzehnten konsequent ausge-schrittenen Weg charakterisierte, der – auf der Basis ei-ner innigen Welt-Verbindung – zur Erschließung höherer Wahrnehmungsorgane der Welt-Erfassung führen konnte. In seinen pädagogischen wie heilpädagogischen Ausfüh-rungen sprach Steiner von der absoluten Notwendigkeit, sich für verschiedene Wahrnehmungsbereiche einen «Blick anzueignen» bzw. für sie ein «Auge» oder ein «Ohr» zu ha-ben, ebenfalls im Sinne Goethes: *Jeder Gegenstand, recht beschaut, schließt ein Organ in uns auf.*[19] Als die Lehrer-schaft der Stuttgarter Waldorfschule Schwierigkeiten mit der typologischen Erkenntnis der «groß-» und «kleinköp-figen» Kinder hatte und die ersten «Zuordnungs»-Bemü-hen scheiterten, deutete Rudolf Steiner in einer kurzen, richtungsweisenden Antwort darauf hin, dass dem inten-dierten «Untertauchen in die Wirklichkeit» (317, 155) eine tatsächliche Schulungsdimension der inneren Verbindung und phänomenalen Wahrnehmung eigne – und sagte:

Sie werden noch stark eingehen müssen auf den wirklichen Sachverhalt. Es verbergen sich so viele Dinge. (300 c, 57)

Auch zu den Heilpädagogen bemerkte er:

Nicht darauf kommt es an, wieviel Zeit man mit den Dingen verbringt, sondern wie stark man sich innerlich damit verbin-det. Viel Zeit wird gerade in geistigen Berufen erspart wer-den, wenn man berücksichtigen wird, dass man sich inner-lich mit den betreffenden Erscheinungen wirklich verbinden muss. (317, 148)

Zunehmend nachvollziehbar wurde Steiners Hörern, dass jeder schematisierend-abstrakte Gebrauch seiner entsprechenden Vortragsausführungen nicht zu einer tieferen Kindes-Anschauung und -Erkenntnis führte, Rudolf Steiner vielmehr Einblick in einen methodischen Schulungsweg gab, der auf der Basis einer «inneren spirituellen Beziehung» zum Kind (293, 29) konkret gegangen werden musste. Die von Goethe genannte *«höhere Erfahrung in der Erfahrung»*[20] kennzeichnete den bereits in Steiners philosophischem Frühwerk beschriebenen Weg einer immer wesentlicheren, d. h. ur-phänomenaleren Erfassung des Gegebenen («es kommt darauf an, dass man *durchschaut* auf dasjenige, was eben da ist» 317, 153) – einer substantiellen Wirklichkeitsverbindung, die einen vertieften Einblick in das Kind gestattet, einen realen *Einblick* («dass man die Möglichkeit gewinnt, in das Innere eines Menschen hereinzuschauen»), der den primären *Anblick* überschreitet und zunehmend zu einem «dia-gnostischen» *Durchblick* auf die in dieser Leibes- und Lebenssituation wirkende Individualität, aber auch auf ihre sinnvolle therapeutische Unterstützung im Umgang mit leiblich-seelischen Hindernissen werden kann.[21]

*

II.
Die «höhere Erfahrung in der Erfahrung»

Alles, was durch Imagination, Inspiration und Intuition am Menschen geschaut werden kann, [...] das kann, weil es beim Kinde in der physischen Organisation überall sich ausdrückt, auch beurteilt werden an der physischen Organisation. (310, 88)

In den Lehrerkonferenzen der Stuttgarter Schule kam überaus häufig und oft in verblüffender Weise zum Vorschein, was Rudolf Steiner in seiner Begegnung mit einzelnen Schulkindern konkret erfahren hatte – und dies insbesondere dann, wenn Rudolf Steiner um weitergehende Hilfestellungen im Umgang mit einzelnen «Sorgenkindern» gebeten wurde. Selten berichtete Rudolf Steiner von sich aus über die ihm zugängliche «höhere Erfahrung in der Erfahrung»; gefragt – wozu er wiederholt aufforderte – und um Hilfe ersucht, aber schilderte er die eigentliche Problematik des Kindes, gab Richtungshinweise und therapeutische Empfehlungen, die dem jeweiligen Stand seiner eigenen Kindes-Anschauung entsprachen und bis zur Einzelvorstellung des Kindes im Klassenzusammenhang gewonnen worden waren.[22] Über ein schreibschwaches Mädchen der fünften Klasse hieß es in der Konferenz vom 18.9.1923 beispielsweise relativ unvermittelt:

Bei diesem Kind sind ganz offenbar gewisse astrale Partien der Augen zu stark vorgelagert. Da ist der Astralleib vergrößert. Sie hat vor den Augen astrale Knollen. Das sieht man. Das zeigt die Schrift selbst. Sie verwechselt die Buchstaben, das geht konsequent. Daher schreibt sie also zum Beispiel, sagen wir, so: «Gsier» statt «Gries». Das Gesetz muss ich noch konstatieren. Sie schreibt einen Buchstaben für einen anderen, wenn sie abschreibt. Das machen sie sonst nicht in dem Alter. Sie macht es mit Konsequenz. Sie sieht falsch.

Ich muss mir überlegen, was man mit diesem Kinde machen muss. Man muss bei dem Kinde etwas machen. Es sieht andere Dinge auch nicht richtig. Sie sieht auch anderes falsch. Es ist ein singulärer Fall. Es könnte sein – wir wollen nicht ein dahingehendes Experiment schon machen –, es könnte auch sein, dass das Kind Mann und Frau ständig verwechselt, oder ein kleiner Knabe wird als alte Frau angesehen. Wenn es die Trübung durch Entartung des Astralplans hat, verwechselt es nur sinnvoll, nicht sinnlos. Wenn es bleibt, wenn nicht geholfen wird, so kann es zu grotesken Wahnsinnsformen führen. Es ist das nur möglich durch ein besonders starkes Entwickeltsein des Astralkörpers. Es kommen dadurch vorübergehend tierische Formen heraus, die wieder verschwinden. Es ist ein Kind, das nicht ein wachender Typus ist, und Sie werden bemerken, wenn Sie das Kind fragen, so macht sie dieselbe Gebärde, wie wenn man sonst jemanden vom Schlafe aufweckt. Es ist ein ganz kleines Zusammenrücken, wie wenn jemand geweckt wird. Das Kind wäre nie in einer Klasse, nur bei uns. Es würde sonst nie über die 1. Klasse hinausgekommen sein. Ein sehr interessantes Kind. (300c, 98f.)

Rudolf Steiner beschrieb das Mädchen auf der Ebene seiner wirkenden Wesensglieder im Bereich der Sinnesorganisation – aus unmittelbarer geistiger Anschauung *(«Das sieht man.»)* und auf der Basis einer vertieften phänomenologischen Wahrnehmung. *(«Es ist ein Kind, das nicht ein wachender Typus ist, und Sie werden bemerken, wenn Sie das Kind fragen, so macht sie dieselbe Gebärde, wie wenn man sonst jemanden vom Schlafe aufweckt. Es ist ein ganz kleines Zusammenrücken, wie wenn jemand geweckt wird.»)* Erneut betonte Steiner das unbedingt notwendige

Interesse für das an diesem Kind Erlebbare *(«Ein sehr interessantes Kind.»)* und damit die für alles Weitere grundlegende Verbindung mit ihm. Er schilderte in sehr direkter Weise den aktuellen Stand seiner Erkenntnis, seines «Einblicks», der ihn bewegte und in Richtung einer therapeutischen Förderung drängte. *(«Ich muss mir überlegen, was man mit diesem Kinde machen muss. Man muss bei dem Kinde etwas machen.»)*

Die Vorstellung eines siebenjährigen, aggressiven und unruhigen Jungen, der vom Lehrerkollegium in seiner Klasse nicht länger für tragbar erachtet und Rudolf Steiner vorgestellt wurde, schilderte dagegen der Schularzt Eugen Kolisko rückblickend mit den Worten:

> Sein Gang war linkisch und schwankend, ohne sicheren Halt. Er war sehr blass, sein Gesicht langgezogen, der Unterkiefer hing herunter, die Stirn war finster zusammengezogen. Ich glaube nicht, dass er bis dahin sehr viel in seinem Leben gelacht hatte. Beim geringsten Anlass geriet er in ein unmäßiges Toben. Das ganze Gesicht war wie eine Art Maske, die vom Seelischen her nicht recht durchdrungen werden konnte. Wir waren wohl alle der Meinung, dass mit diesem Jungen im normalen Unterricht nichts anzufangen sein werde. Ganz anders war die Ansicht von Dr. Steiner. Er sah sich das Kind an und sagte: *«Dieser Junge hat im Bereich des Kopfes den Ätherleib so entwickelt, dass er viel zu klein ist, der physische Leib überragt ihn stark. Man muss dem Kind Injektionen geben mit Schlehensaft – Prunus spinosa – und mit Hypophysin, außerdem muss es eine heileurythmische A-Übung machen.»* Als ich dies gehört hatte, wurde mir sogleich klar, wie der Junge eigentlich aussah. Mit seiner krampfhaft gefalteten Stirn, seinem zusammengezogenen Gesicht, der faltigen Haut und dem eigentümlich herunterhängenden Unterkiefer sah er so aus, als hätte er eben in eine Schlehe gebissen. Dieser Schlehenstrauch ist es ja mit seinen Dornen, der so viel

überschüssige Lebenskraft zurückhält. Er musste es sein, der diese Maske wieder beleben konnte! Und das Präparat aus der Wachstumsdrüse musste das unterstützen können. Von der heileurythmischen A-Übung sagte uns Rudolf Steiner einmal, dass sie das Tierische im Menschen überwindet.

Nun war es ganz merkwürdig, zu sehen, wie die unbeherrschte tierische Natur dieses Jungen, der so toben konnte, dass er die in dem Zimmer befindlichen Möbelstücke mit übermenschlicher Kraft herumwarf und mehrere Menschen brauchte, um ihn zu halten, langsam zurücktrat. Schon nach ein paar Monaten konnte der Junge lachen, bekam eine richtige menschliche Physiognomie, wachte auf, hörte auf zu toben und zeigte sich schließlich als ein ganz lieber Junge, von dessen Existenz man vorher gar nichts gemerkt hatte. Schließlich in der dritten bis vierten Klasse, nachdem er diese Kur durch drei Jahre mitgemacht hatte, fügte er sich ganz gut unter die übrigen Kinder ein, die mit ihm gleichen Alters waren. Seine Eltern wurden dann an einen anderen Ort versetzt, und heute, mit etwa elf Jahren, ist er in einer anderen Schule unter seinen Altersgenossen. Ich bin ganz überzeugt, dass er ohne diese Behandlung niemals irgendwie in den regulären Unterricht hätte eingegliedert werden können. Rudolf Steiner hat ihn ein- oder zweimal gesehen. Was er beim ersten Mal gewahr wurde und aussprach, hat das Kind gerettet.[23]

Caroline von Heydebrand deutete zwei Jahre nach Rudolf Steiners Tod an, dass die von Steiner in dieser Weise angestoßenen Entwicklungen sich nicht nur in die Lebensgeschichte der Kinder unwiderruflich einschrieben, sondern die Stuttgarter Schule im Innersten prägten: *«[…] Es ist das Charakteristische der Waldorfschule, dass unzählige Kinder in dieser Schule sind, die von Dr. Steiner unter Berücksichtigung ihrer ganzen und tiefsten Wesensart Heilmittel bekommen haben.»*[24]

Rudolf Steiners Einsicht in die geistig-physische Organisation des einzelnen Kindes, wie sie in den Lehrerkonferenzen und im Verlauf des «Heilpädagogischen Kurses» immer wieder detailliert zum Vorschein kam und den Weg zu substantiellen Therapiemöglichkeiten eröffnete, war dabei durchaus «umweltlich» orientiert, d.h. erfuhr das Kind keineswegs in solipsistischer Weise, sondern bezog seinen Werdensumraum bis in die wirkenden Wesensglieder obligat in die Betrachtung ein. Bereits in seinen frühen pädagogischen Vorträgen hatte Rudolf Steiner auf die zentrale Bedeutung der kindlichen Nachahmungsprozesse für die fortwährende Leibesbildung und -funktionalität im einzelnen aufmerksam gemacht.[25] Die Erkenntnis dieser Vorgänge, auch in ihrer sukzessive leibnäheren Verlagerung, spielte nun in der von Rudolf Steiner veranlagten Ausbildung der Waldorflehrer eine zentrale Rolle:

Was Eltern, Geschwister und so weiter tun, sagen, denken, lebt in der Körperbeschaffenheit des Kindes, und viel könnte ich sagen, wenn ich sagen wollte, wie diese seelischen Äußerungen in den Verlauf der Atmung, des Blutumlaufes, der Wirkung des Nervensystems beim Kind zu beobachten sind. [...] Ich darf mich – nicht bildhaft, sondern eigentlich – so ausdrücken, dass der Lehrer mit der ersten Klasse in dem Kinde überliefert bekommt ein Bild des ganzen Elternhauses; in der Gesundheit, im Temperament, im Fassungsvermögen, in der moralischen Anlage trägt das Kind das Elternhaus in die Schule hinein. (298, 190f.)

[...] Es ist das lebendige Bedürfnis des Waldorfschullehrers, nicht nur das Kind im Geiste vor sich zu haben, sondern von jeder Seelenäußerung, die das Kind ihm entgegenbringt, von jeder charakterologischen Triebfeder, von jeder in kindlicher Art wirksamen Impulsivität, ja, von jeder Miene, von jeder

Geste, von jeder Handbewegung den Weg zu finden vom Kinde zu den Eltern. (298, 210)

So hieß es in einer Besprechung eines dissozialen Jungen mit exhibitionistischen Verhaltensweisen von Steiners Seite dann auch in konkreter Wendung:

Das ist ein schwieriger Fall. Bei [ihm] ist zu bedenken: ein eigentlicher Vater ist nicht vorhanden. Die Mutter, die wirklich immer eine unglückselige Frau war, innerlich haltlos, hing an dem Buben. Sie wusste sich nicht zu helfen, war unruhig geworden über jede Nachricht, die sie von Stuttgart bekam. Sie wusste nicht, ob sie das Geld hatte, ihn noch hier zu lassen. All diese Haltlosigkeit ist bei ihr konstitutionell. Sie ist psychisch ganz labil. Das ist ja zum Ausdruck gekommen dadurch, dass sie jetzt hier in eine Irrenanstalt kommt. Das hätte ebenso gut schon früher eintreten können. [...]
Alles das, was diese Frau psychisch hat, ist heruntergeschlüpft vom Astralleib der Mutter in den Ätherleib des Buben, ist ganz organisch in den Jungen eingezogen, so dass der im organischen Verhalten ein getreuliches Abbild von dem psychischen Verhalten der Mutter ist. Im Astralleib [der Mutter] ist es nur Urteilsunsicherheit, nicht wissen, was man tun soll. Bei ihm ist es: sich gerne exponieren. Nehmen Sie selbst den eklatantesten Fall, dass der Junge sich zum Fenster herunter schamlos verhält. Die Mutter bleibt beim Urteilen, bei ihr ist es eine psychische Krankheit, sich in schamloser Weise seelisch sehen zu lassen. Bei dem Jungen kommt es zum physischen Exhibitionismus. Hier kann man sehen, wie Vererbung wirklich vor sich geht. Was bei den Eltern seelisch vorhanden ist, das zeigt sich in der nächsten Generation leiblich, das ist medizinisch bekannt. (300 c, 133f.)

*

Berichtete Rudolf Steiner innerhalb der Lehrerkonferenzen in dieser Weise oder entfaltete er die Kräfte- und Wesensgliedersituation der Seelenpflege-bedürftigen Kinder im Verlauf seiner heilpädagogischen Vorträge, so wurde stets deutlich, aus welchen konkreten Anschauungen heraus er den gegebenen *«geistigen Befund»* (317, 126) und damit die vorliegenden Situationen beschrieb. In die Wesenheit des Kindes «hineinschauend» bzw. diese mit methodisch ausgebildeten und in sich übersinnlichen Erkenntnisorganen imaginativ, inspirativ und intuitiv durchdringend, «sah» Rudolf Steiner die entsprechenden Konfigurationen tatsächlich sehr genau. Obgleich Rudolf Steiner sowohl innerhalb der Lehrerkonferenzen als auch innerhalb der heilpädagogischen Vorträge tendenziell zurückhaltend mit entsprechenden Schilderungen war bzw. diese selbst begrifflich durchdrungen und im Hinblick auf ihre allgemein-typologischen Gesetzmäßigkeiten in konsequent didaktischer Orientierung – und mit dezidierter Nüchternheit – präsentierte, kam in einzelnen Andeutungen doch immer wieder zum Vorschein, welche realen Schauerlebnisse Steiners Ausführungen zugrunde lagen. Am Beispiel der kindlichen «Hysterie» und der bei ihr patho-typologisch vorliegenden Wirkensart der höheren Wesensglieder sprach Steiner so andeutend über die *«im imaginativen Bewusstsein geschaute»* organübergreifende Astralität und Ich-Organisation (317, 64) – und sagte weiter:

> Lernt man [...] erkennen das Wesen einer solchen Abnormität, dann kann man es in der Anschauung unmittelbar sehen. [...] Hier sehen Sie förmlich das, was da geschieht: das Ausrinnen irgendeines Organes oder irgendeines Organkomplexes an Astralität oder Ich-Organisation. (317, 67)

Mit «angeeignetem Blick» bzw. methodisch entwickelten Erkenntnisorganen («Jeder Gegenstand, recht beschaut, schließt ein Organ in uns auf.») verband sich Rudolf Steiner intensiv und unter Aktualisierung weiterer Wahrnehmungsmöglichkeiten mit der entsprechenden Wirklichkeitsdimension des Kindes – an einer späteren Stelle hieß es über die selbe pathologische Organismussituation:

> Hat man dieses Gefühl, so eignet man sich nach und nach das an, was wichtig ist bei der Beobachtung solcher Fälle: man bekommt ein Geruchsorgan für dasjenige, was im Kinde vorhanden ist, man riecht dieses Ausfließen. Man riecht es nämlich in Wirklichkeit. Und das ist schon zu dem esoterischen Teil dieser Dinge gehörig, dass man sich eine Geruchsempfindung dafür aneignet, dass das Aurische anders sich anriecht von solchen Kindern als von normalen Kindern. (317, 69)

Selbst Rudolf Steiners Erfassung der – erneut ausgesprochen nüchtern thematisierten – Substanzprozesse des kindlichen Leibes lagen in diesem Sinne originäre übersinnliche Wahrnehmungen und damit «höhere Erfahrungen in der Erfahrung» zugrunde. In einer ebenso markanten wie singulären Schilderung der Eisen- und Schwefelprozesse zweier ihm auf dem «Lauenstein» vorgestellter «Albino»-Kinder sagte Rudolf Steiner im Hinblick auf die peripheren Schwefelprozesse:

> [...] Es wird gerade der Schwefel nach der Peripherie hingetrieben und über die Peripherie hinausgetrieben, so dass man sieht in der Region der Haarbildung überall die Schwefelaura, die die Haarbildung bleicht, ihnen ihre Kraft herausnimmt. Und in der verhältnismäßig selbständigen Augenbildung, die sogar embryonal von außen in den Organismus hineingebildet werden, sieht man erst recht die selbständige Schwefelaura, die die Augen förmlich dazu drängt, aus dem Ätherischen heraus in das Astralische hinein ihr Wesen zu treiben. Man sieht geradezu bei solchen Kindern das Auge

aus seiner Felsenhöhle ausgerissen, den Ätherleib unberücksichtigt gelassen, den Astralleib im Auge ganz besonders stark in Anspruch genommen. (317, 159)

*

Rudolf Steiners Zuhörer waren von diesen konkreten Deskriptionen und ihrem geradezu auffordernden Charakter (*«Lernt man […] erkennen das Wesen einer solchen Abnormität, dann kann man es in der Anschauung unmittelbar sehen.»*) ganz augenscheinlich überrascht, ja innerhalb des Stuttgarter Lehrerzimmers ganz sicher überfordert. Rudolf Steiner sprach als initiierter Geisteswissenschaftler und damit als ein Mensch, der über vollkommen exzeptionelle Wahrnehmungsmöglichkeiten verfügte und diese in den Dienst der heilenden Pädagogik stellte. Der Abstand der bemühten und begabten Lehrerschaft (oder gar der jungen Heilerzieher) zu Rudolf Steiner und seinen Fähigkeiten war überaus groß; zugleich ließ Steiner keinen Zweifel daran aufkommen, dass der Gebrauch der übersinnlichen Erkenntnisorgane in der Kontinuität der beschriebenen Kindesbeziehung, ja dem intensiven, sich weiter schulenden «Einleben» in die Kindesnatur liege – dass er keineswegs «metaphysisch»-weltabgewandter Natur, sondern Ausdruck einer goetheanistisch-gesteigerten Weltimmanenz und damit Liebeskraft war. Zu den Zuhörern seines «Heilpädagogischen Kurses» sagte Steiner in diesem Sinne:

Sie dürfen eigentlich nie die Ausrede gebrauchen: Ja, um solche Dinge wahrzunehmen, muss ich erst hellsehend sein. – Das ist eine innere Faulheit, die derjenige, der einen Erzieherberuf ergreift, eigentlich gar nicht haben darf. Sondern es handelt sich darum, dass Sie lange, bevor Sie jene Hellsichtigkeit erlangen, die zum Beispiel für die Forschung im allgemeinen notwendig ist, dass Sie durch die liebevolle Hingabe an dasjenige, was aus dem Menschen herauskommt, was sich entwickelt gerade in abnormen Zuständen, dass Sie durch die liebevolle Hingabe in sich die Fähigkeit erzeugen, hinzublicken einfach auf das, worauf es ankommt. Sie sagen sich in dem Momente selber das Richtige. (317, 151f.)

Im Juli 1924 hieß es darüber hinaus in Arnheim näher erläuternd:

Alles, was durch Imagination, Inspiration und Intuition am Menschen geschaut werden kann, [...] das kann, weil es beim Kinde in der physischen Organisation überall sich ausdrückt, auch beurteilt werden an der physischen Organisation. (310, 88)

Die «unmittelbare Anschauung» des tatsächlich Vorhandenen ist nach Rudolf Steiner prinzipiell zugänglich und erreichbar – sofern die Erzieher sich in medizinisch-pädagogischer Orientierung nicht mit dem Konstatieren von äußerlichen «Symptomen» zufrieden geben sondern bereit sind, diese auf ihre Wesentlichkeit hin zu durchdringen, d.h. den Willen entfalten, *«durch die liebevolle Hingabe in sich die Fähigkeit [zu] erzeugen, [um] hinzublicken einfach auf das, worauf es ankommt.»*[26] Anhand der Kasuistik eines Seelenpflege-bedürftigen Kindes zeigte Rudolf Steiner im «Heilpädagogischen Kurs» dann auch exemplarisch auf, wie die pathogenetisch relevante Situation dieses Jungen – mit einem schwach ausgebildeten und mütterlich bestimmten, durch Tanzbewegungen in der Gravidität konfigurierten Astralleib – in der eigentümlichen Sprachentwicklung des Kindes zur sichtbaren Offenbarung gelangte, einer abnormen Sprachentwicklung[27], die mit dem artikulierten «R»-Laut einsetzte. Auf diesen symptomatologischen «R»-Charakter dezidiert hinweisend («Schauen Sie sich die Mutter während der Embryonalzeit an, wie sie auf dem Theater beweglich ist, gehen Sie ein in den Charakter des R, wie das R im Eurythmiekurs charakterisiert ist als das Drehende, so werden Sie in seiner Sprache das Theaterspiel der Mutter fortwirkend finden.» 317, 107), sagte Rudolf Steiner in prinzipieller Wendung:

> Vergessen Sie nicht, wie sich in einer solchen Erscheinung ein ganzes Leben ausspricht. [...] Man sieht wirklich da ganz außerordentlich tief in Zusammenhänge hinein. (317, 106f.)

*

III.
Von der Typologie zur Individualität

> Um [...] die eigentlichen Abnormitäten des kindlichen Alters richtig beurteilen zu können, muss man doch den ganzen Zusammenhang ins Auge fassen zwischen dem vorgeburtlichen Leben des Menschen, das sozusagen den Karmaimpuls hereinträgt ins physische Leben, und der allmählichen Entwickelung des Kindes durch die zwei ersten Lebensepochen, vielleicht sogar darüber hinaus durch die drei ersten Lebensepochen des Kindes. (317, 76)

Als Rudolf Steiner in der Stuttgarter Lehrerkonferenz vom 18. Dezember 1923 um Hilfestellungen für die Förderung eines Jugendlichen der 9. Klasse mit Schwierigkeiten im schriftlichen Ausdruck gebeten wurde – eines hochbegabten und schwierigen Jungen, der Rudolf Steiner auf einer Vortragsreise vorgestellt worden war und den er selbst an der Schule angemeldet hatte[28] –, führte er in einer längeren Darstellung aus:

Man müsste seine Schrift kultivieren, ganz elementar, übungsmäßig. Wenn man anfangen würde, ihn als Nebenaufgabe täglich nur eine Viertelseite so schreiben zu lassen, dass er beim Schreiben auf jeden einzelnen Buchstaben formend achtgibt, wenn er also dies machen würde, jeden einzelnen Buchstaben geformt schreiben, dann würde das zurückwirken auf seinen ganzen Charakter.
Außerdem ist seine Augenachsenkreuzung falsch. Die Augenachsen fixieren den Gegenstand nicht richtig. Das muss

man richtig stellen. Man sollte ihn öfter darauf aufmerksam machen, dass seine Augen parallel schauen, und sollte ihn nahe lesen lassen wie einen Kurzsichtigen, ohne dass er es ist. Seine Augenachsen schlendern, und ebenso schlendert er auch im Gang. Er tritt nicht ordentlich auf, er schleift beim Gehen. Haben Sie beobachtet, wenn er zum Beispiel auf dem Schulhof von einer Stelle zu einer anderen laufen will, dass er dies niemals in einer geraden Linie tut, sondern stets in einer Art Zickzack? Beachten Sie, wie ihm das Haar immer in die Stirne fällt. Er hat auch keinen Sinn für Rhythmus. Wenn er in der Stunde etwas Rhythmisches vorlesen soll, verhaspelt er sich im Atem. Man könnte ihn im Turnen veranlassen, möglichst fest aufzutreten, starke Stampfschritte zu machen.

Karmisch ist es bei ihm so, als hätte er Stücke aus zwei Inkarnationen zusammengesetzt. In der vorigen Inkarnation ist ihm sein Leben gewaltsam abgeschnitten worden. Jetzt lebt er den zweiten Teil jener Inkarnation nach und hat von der jetzigen Inkarnation gleich den ersten Teil dazugesetzt. Es passt nichts zusammen. (300c, 108[29])

Unvermutet war Rudolf Steiner in seiner Schüler-Besprechung dadurch auf die Ebene der individuellen Schicksalskräfte zu sprechen gekommen, die der erschwerten Daseinsentfaltung des Jungen, ja seiner ganzen Inkarnationssituation und Wesensglieder-Konfiguration wirkend zugrunde lag – *«Karmisch ist es bei ihm so, als hätte er Stücke aus zwei Inkarnationen zusammengesetzt.»* Rudolf Steiner wusste ganz offenbar seit seiner näheren Bekanntschaft mit dem Jugendlichen von den entsprechenden Zusammenhängen, hatte sie im Vollzug seiner inneren Beschäftigung mit ihm durchdrungen. In seiner Vorstellung des Neuzugangs hatte er gegenüber dem Lehrerkollegium nicht ungefragt über diese spirituellen Hintergründe gesprochen, sie jedoch offensichtlich im Bewusstsein gehabt, auch im Verlauf der verschiedenen weiteren Konferenz-auseinandersetzungen.[30]

*

Die karmische Dimension der menschlichen Erdenbiographie, ihre aus der Vergangenheit her sinnvoll geordnete Konfiguration, an der notwendige Zukunftsentwicklungen vorbereitet und freiheitlich vollzogen werden können, stand im absoluten Zentrum von Rudolf Steiners anthroposophischer Anthropologie, damit auch im Zentrum seiner Kindes-Anschauung. In den programmatisch-methodischen Worten des «Heilpädagogischen Kurses»:

> [...] Man muss von zwei Seiten sprechen, von der Beschaffenheit, mit der der Mensch auftritt, und von seiner karmischen Bedingtheit. (317, 57)

Und weiter:

> Um [...] die eigentlichen Abnormitäten des kindlichen Alters richtig beurteilen zu können, muss man doch den ganzen Zusammenhang ins Auge fassen zwischen dem vorgeburtlichen Leben des Menschen, das sozusagen den Karmaimpuls hereinträgt ins physische Leben, und der allmählichen Entwickelung des Kindes durch die zwei ersten Lebensepochen, vielleicht sogar darüber hinaus durch die drei ersten Lebensepochen des Kindes. (317, 76)

Obwohl Rudolf Steiners pädagogische Vorträge nahezu ausschließlich *«von der Beschaffenheit, mit der der Mensch auftritt»* handelten, d. h. die gesetzmäßige Entwicklungsphysiologie und -psychologie des «werdenden Menschen» beschrieben und die Zuhörer darin schulten, typologische

47

Charakteristiken der Kindesentwicklung in ihrer je besonderen Ausformung aufmerksam wahrzunehmen (und auf diese adäquat-fördernd reagieren zu können), war Rudolf Steiners eigenes Vorgehen doch letzten Endes auch auf die «*karmische Bedingtheit*» bzw. den aus dem vorgeburtlichen Leben des Menschen hereinkommenden «*Karmaimpuls*» orientiert. Im Zuge von Steiners methodischer Unterweisung trat diese – von ihm selbst anschaulich praktizierte – «höchste Erfahrung in der Erfahrung» nahezu vollkommen zurück; sie bewegte sich jedoch keineswegs «jenseits» der beschriebenen Wege des zunehmenden Einblicks «in das innere Gefüge des Organismus» (317, 87) – und damit auch des beschriebenen «liebevollen Einlebens» in die kindliche Individualität –, sondern stand mit diesem in einem immanenten Zusammenhang.[31] Steiner betonte wiederholt die besonders akzentuierte Schicksalsdimension in der Psychiatrie und Heilpädagogik *(«Wie Sie […] eingesehen haben, meine lieben Freunde, handelt es sich bei seelischen Erkrankungen – natürlich bei andern auch, aber hier viel tiefer, in viel tieferem Sinne, in viel bestimmterem Sinne – um karmische Zusammenhänge, die in den Krankheiten zum Vorschein kommen.»* 317, 61) und begann seinen heilpädagogischen Unterricht dezidiert in dieser karmischen Ausrichtung:

> […] Wenn wir ein Kind ansehen, müssen wir sehen, was da in dem Kinde von dem vorigen Erdenleben lebt. Man muss es verstehen, warum es sich wählt Organe, die nach den Vererbungskräften krankhaft sind, warum es sich wiederum durch eine unvollständig entwickelte Individualität in diesen Körper hineinarbeitet. (317, 21)

Unzweifelhaft ist, dass Rudolf Steiner die ganze pädagogisch-heilpädagogische Aufgabe – und so auch die Gründung der Waldorfschule – unter dieser, öffentlich noch nicht konkreter zu vertretenden[32], aber seine Kindes-Anschauung im Innersten prägenden Perspektive sah.

*

Über die von ihm wiederholt beschriebene – und auch im Hinblick auf ihre vorgeburtlich-kosmischen Bezüge ausführlich thematisierte[33] – entwicklungsphysiologische Triade Gehen-Sprechen-Denken sprach Rudolf Steiner im Sommer 1924 in seinen pädagogischen Arnheimer Vorträgen erstmals unter Reinkarnations-Gesichtspunkten. Gehen, Sprechen und Denken sind die primären Werdensentfaltungen der kindlichen Individualität im irdischen Raum und bauen im Vollzug der ersten drei Lebensjahre sukzessive aufeinander auf.[34] Oft hatte Rudolf Steiner darauf hingewiesen, wie die in ihnen zur Darstellung kommenden Werdens-Gesten von den Erziehern in allen Einzelheiten und mit intimer Wahrnehmungs-Hingabe studiert, ja innerlich nachgebildet werden sollten. Friedrich Rittelmeyer hatte Rudolf Steiners entsprechende Wahrnehmungshaltung beim Verfolg des eigenen – erwachsenausgeformten – Gang-Bildes in dezidierter Weise bemerkt. («Oben in der halb geöffneten Tür stand Rudolf Steiner, der eben einen anderen Gast entlassen hatte, und schaute mir höchst aufmerksam zu, wie ich langsam die Treppe heraufstieg. Ich habe nie einen Menschen so aufmerksam beobachten sehen, wie er es konnte. Es war, als ob er – ganz unbeweglich, aber selbstlos hingegeben – den anderen sich selbst gleichsam noch einmal erschaffen ließe, in einem feinen Element der eigenen Seele, das er ihm zu diesem Zweck darbot. Es war kein Nachdenken über den anderen, sondern mehr ein inneres geistiges

49

Nachbilden, in dem das ganze Werden des anderen offenbar werden konnte.»[35]) Nach Ita Wegman ließ Rudolf Steiner Kinder, die ihm vorgestellt wurden, mit Vorliebe sich im Raum bewegen («Vor allem war es ihm wichtig, die Kinder frei herumlaufen zu lassen. Da beobachtete er sehr exakt die Gesten des Kindes, seinen Gang und [sein] Orientierungsvermögen.»[36]) – in Arnheim sagte Steiner nun in phänomenologischer Ausrichtung:

Wenn Sie Ihre Aufmerksamkeit darauf richten, wie ein Kind [...] gehen, auftreten lernt, dann können Sie beobachten, wie das eine Kind stärker auftritt mit dem Hinterfuß, mit der Ferse, ein anderes mit den Zehen auftritt. Sie können Kinder beobachten, welche, indem sie gehen lernen, mehr die Tendenz haben, ihre Beine vorwärtszubringen, bei anderen können Sie bemerken, wie sie mehr die Tendenz haben, gewissermaßen sich festzuhalten zwischen zwei Schritten. Es ist ungeheuer interessant, ein Kind gehen lernen zu sehen. Das muss man beobachten lernen. Aber noch viel interessanter ist es und noch viel weniger wird es berücksichtigt, ein Kind greifen lernen, seine Hände bewegen lernen anzusehen. Es gibt Kinder, die bewegen, wenn sie irgend etwas haben wollen, ihre Hände so, dass die Finger eben in Bewegung kommen; andere halten die Finger ruhig und greifen mit ruhig gehaltenen Fingern zu. Es gibt Kinder, welche die Hand und den Arm ausstrecken und dabei den Oberkörper festhalten; andere gibt es, die gleich mit dem Oberkörper nachgehen der Bewegung des Armes und der Hand. Ich habe ein Kind kennengelernt, als es ganz klein war, wenn es in seinem Stühlchen etwas vom Tische entfernt war und auf dem Tische eine Speise stand, zu der es hinwollte, dann «ruderte» es hin; da war der ganze Körper in Bewegung. Das konnte überhaupt keine Bewegung mit den Armen und Händen machen, ohne dass der ganze Körper in Bewegung kam.

Darauf muss man zuerst beim Kinde hinschauen, denn das ist die innerlichste Lebensregung zunächst, die allerursprünglichste Lebensregung, wie ein Kind sich bewegt. (310, 46f.)

Die primäre Bewegungsentfaltung bringt in diesem Sinne die «innerlichste» bzw. «allerursprünglichste» Inkarnations-Geste (bzw. «Lebensregung») des Kindes zum Ausdruck. Sie wächst zwar in den Umraum des Wahrgenommenen hinein und habitualisiert sich zunehmend an der mitvollzogenen Bewegungsgestalt der Umgebung[37]; in ihrer ersten und eigenen Ausrichtung aber steht sie nach Rudolf Steiner im Kontext des individuellen Herkommens und «Karmaimpulses», muss als solche zunehmend verstanden und pädagogisch berücksichtigt werden. Am 12.8.1924 sagte Rudolf Steiner – wenige Wochen nach der Arnheimer Darstellung – im englischen Torquay:

> [...] Ein Kind, das mit den Fersen auf den Boden fest auftritt, zeigt in dieser kleinen Eigenschaft des körperlich Sichoffenbarens, dass es fest im Leben drinnen steckte in seiner vorhergehenden Inkarnation, dass es sich für alles interessierte im vorhergehenden Erdenleben.
>
> Man wird daher bei einem solchen Kinde darauf sehen müssen, dass man womöglich die Dinge aus dem Kinde herausholt, denn es steckt viel drinnen in Kindern, die mit der Ferse stark auftreten. Dagegen die Kinder, die trippeln, mit der Ferse kaum auftreten, die haben in flüchtiger Weise das vorige Erdenleben vollbracht. Man wird bei ihnen nicht viel herausholen können; man wird darauf sehen müssen, dass man viel in ihrer Nähe macht, damit sie eben auch viel nachmachen können. (311, 29)

Während sich die kindliche Bewegung auf diese Weise im Erdenbezug des Stoffwechsel-Gliedmaßensystems ausrichtet und dabei in sich von den ausstrahlenden Kräften des Nerven-Sinnessystems abhängig ist[38] – dessen Formung und Funktionalität als solche zuinnerst von der letzten Erdeninkarnation bestimmt wird[39] –, ersteht die kindliche Sprachfähigkeit auf dem Boden der Rhythmischen

Betrachtet man das Kind, so lernt
man mit dem räumlichen Blick:
in seinen Gesten die Wirkung des
Karma; da tritt die Willensnatur
hervor =
in seinen Sprachen die Nachwirkung
der geistigen Welt; da tritt die
Gefühle mir einer hervor, —

In seinem Erinnern die Einwirkung
der phys. Welt; da tritt die
denklichste hervor.

Notizbucheintragung Rudolf Steiners (Ita Wegman Archiv)

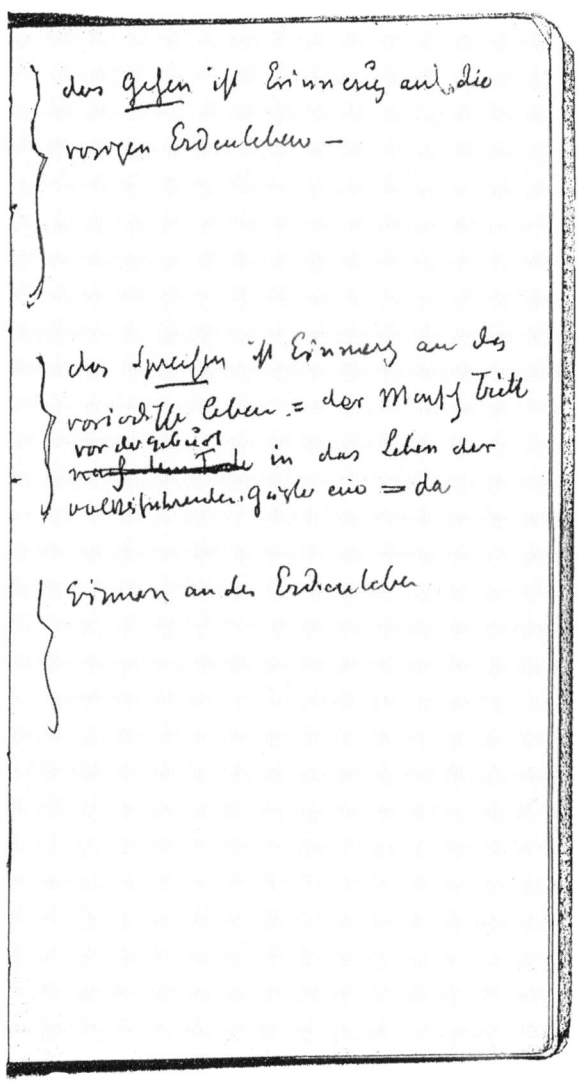

das Gehen ist Erinnerung an die
vorigen Erdenleben —

das Sprechen ist Erinnerg an das
vorirdische Leben = der Mensch tritt
vor der Geburt
~~nach dem Tode~~ in das Leben der
volkstführenden Geister ein = da

Erinnern an das Erdenleben

Notizbucheintragung Rudolf Steiners (Ita Wegman Archiv)

53

Organisation. Über diese hieß es in Weiterführung der dargestellten Thematik in Arnheim:

Das Kind spürt unbewusst, wie [...] die Lebenskraft am Zirkulations- und Atmungssystem arbeitet. Und gerade so, wie sich ein Körperliches, das Gehirn, in die Gleichgewichtslage hineinbringen muss, so muss sich das Seelische einstellen auf diese Entwickelung des Atmungs- und Zirkulationssystems in den ersten Lebensjahren. Das Physische muss sich einstellen in der Erringung der Gleichgewichtslage vom Haupte aus; das Seelische, indem es sich in der richtigen Weise hinzu organisiert, muss sich einstellen zu der sich umwandelnden Zirkulation und Atmung. Und so wie im Zusammenhange mit dem, was im Gehirn zum Ausdruck kommt, der aufrechte Gang und die Orientierung mit den Händen und Armen zum Vorschein kommt, so kommt im Zusammenhange mit der Einrichtung des Zirkulations- und Atmungssystems die Sprache beim Menschen heraus. Indem der Mensch sprechen lernt, richtet er sein Zirkulations- und Atmungssystem eben so ein, wie er sein Gehen und Greifen einrichtet, wenn er den Kopf so aufsetzen lernt, dass vom Gehirn in der richtigen Weise an Gewicht verloren wird. Schult man sich dafür, eignet man sich einen Blick für diese Zusammenhänge an, und hat man dann einen Menschen vor sich, der so spricht, dass er bei gehobener Stimmlage besonders begabt erscheint für das Sprechen von Hymnen und Oden, oder auch für Moralpaukenhalten, wo also eine gehobene Sprache vorliegt, so weiß man auch, dass das mit besonderen Bedingungen im Zirkulationssystem zusammenhängt. Oder wenn man bei einem Menschen sieht, wie er schon im Kindesalter mit rauer Stimme spricht, mit einer Stimme, wie wenn Messing mit Blech zusammengeschlagen wird, so weiß man wiederum, dass dies mit dem Atmungs- oder Zirkulationssystem zusammenhängt. Aber dabei bleibt es nicht allein. Indem man einem Kinde zuhören lernt, ob es eine harmonische, weich-sympathische Stimme oder eine schmetternde Stimme hat und dies zusammenhängen sieht mit den Lungenbewegungen, mit der Herzbewegung und Blutzirkulation – bis in die Finger- und Zehenspitzen hinein den ganzen Menschen innerlich durchvibrierend –, da sieht man in dem, was in seiner Sprache sich ausdrückt, zugleich Seelisches. Da tritt sozusagen etwas auf wie ein höherer Mensch, der in diesem Bilde sich ausdrückt, das die Sprache zusammenfasst mit den körperlichen Vorgängen der Zirkulation und der Atmung. Und von da aus sieht man dann in das vorirdische Leben des Menschen hinauf, das beherrscht ist von denjenigen Bedingungen, die wir uns zwischen dem Tode und unserer neuen Geburt angeeignet haben. Da spielt das hinein, was der Mensch im vorirdischen Dasein erlebt hat. Da lernt man erkennen, wenn man das Wesen des Menschen in wahrer Menschenerkenntnis ergreifen soll, wie man sich das Ohr spirituell schulen muss für das Anhören der Kinderstimmen. Und man kann dann wissen, was man tun kann, um einem Kinde, das bei einer schmetternden Stimme uns verrät, dass es ein stockendes Karma hat, dazu zu verhelfen, dass dieses Karma herauskommen kann. (310, 40f.)[40]

Auf diese Weise sind nach Rudolf Steiner die anschaubaren Werdens-Gesten des Kindes in seiner Aufrichte-, Geh- und Sprachbewegung, aber auch in den anschließenden Denkvollzügen ein wirklicher Erweis dessen, «wie Karma sich ausspricht», und können in der intensiven Beobachtung des Kindes im Hinblick auf den individuellen Schicksalsimpuls erfahren und durchdrungen werden – *«So lernt man durch die geisteswissenschaftliche Beobachtung das Karma im Kinde kennen. Und das ist das Allerwichtigste, das man durchschauen kann.»* (310, 41f.)

*

Obwohl Rudolf Steiners diesbezügliche Hinweise und Andeutungen ausgesprochen selten blieben[41], nur in sehr speziellen Vortrags- und Lebenssituationen erfolgten und ganz offensichtlich nur einen kleinen Bruchteil dessen zum Vorschein brachten, was Steiner aus eigenster Anschauung im Hinblick auf den karmischen Aspekt entwicklungsphysiologischer und -pathologischer Zusammenhänge erkannt und zu sagen hatte, so zeigten sie doch auf, vor welchem umfassenden anthropologischen Hintergrund seine zahlreichen pädagogischen Schulungshinweise gesehen werden mussten und welche Intensität eines «karmischen Verstehens» (302a, 67) Rudolf Steiner von künftigen Erziehergenerationen erwartete. So thematisierte Steiner den karmischen Hintergrund der kindlichen Temperamentslage («*wie sich namentlich das kindliche Temperament in das Karma einreiht, wie wirklich in dem kindlichen Temperament etwas herauskommt, was man als Folge bezeichnen kann von Erlebnissen in früherem Erdendasein*» 295, 52) nur im Verlauf *einer* seminaristischen Antwort und in prinzipiell andeutender Weise[42]; deutlich aber wurde dadurch augenblicklich, dass die umfangreiche Lehrer-Schulung zur Temperamentserfassung lediglich die typologisch erfassbare Verwirklichungsform einer Individualität, d.h. die methodische Gewahrwerdung eines Instrumentes betraf, mit dessen Hilfe sich das jeweilige Ich irdisch verwirklicht bzw. durch das es Zugang zu gewissen, ihm notwendigen Erlebnisweisen bekommt – und von daher eine essentielle, zugleich aber in sich relative Weg-Etappe zur tiefern Wesens- und individuellen Werdenserkenntnis des Kindes bedeutete. Auch Rudolf Steiners verschiedene Hinweise zur eindringlichen Gestalterfassung des kindlichen Organismus bekamen unter den vereinzelt angedeuteten reinkarnatorischen Gesichtspunkten erst ihr volles Gewicht, obwohl Steiner diese Gesichtspunkte nur ausgesprochen selten explizit benannte.

So hieß es im Verlauf eines pädagogischen Vortrages einmal in allgemeiner Andeutung:

Sie können, wenn Sie die menschliche Gestalt [...] betrachten, sich sagen: Ich enträtsele mir das Werden eines Menschen, den ganzen Aufbau des Seelischen aus dieser körperlichen Organisation heraus; ich enträtsele mir die Bedeutung einer gewissen Kopfform, einer gewissen Schwere der Arme und der Beine und so weiter, eine gewisse Art des Auftretens, ob der Betreffende mehr geneigt ist, mit den Zehen aufzutreten, oder mehr [...] mit den Fersen aufzutreten. Das alles verrät uns ungeheuer viel, was uns das Gefühl geben kann: Du lernst da den Menschen besser kennen. (302 a, 66 f.)

In seinen Karma-Vorträgen des Jahres 1924 entwickelte Rudolf Steiner schließlich zahlreiche Gesichtspunkte, wie diese «Enträtselung» der Leibesgestalt näher aufzufassen war. Seit mehr als zwei Jahrzehnten hatte er bereits Einzelheiten seiner anthroposophischen Morphologie und Physiologie gelehrt und dabei aufgezeigt, welche organologischen und funktionellen Voraussetzungen sich die menschliche Individualität notwendig aufbaut, um ihren Weg unter irdischen Bedingungen ausschreiten zu können. Nun, nach der Weihnachtstagung der Allgemeinen Anthroposophischen Gesellschaft und ihrem entschieden esoterischen Wirkensimpuls, charakterisierte Rudolf Steiner erstmals in exemplarischer Weise konkrete Qualitäten der Leibesproportion, aber auch des Haarwachstums und der Hautbeschaffenheit unter spezifisch reinkarnatorischen Aspekten[43] – und im Sinne einer *Typologie* karmischer Werdensgesetze.[44] Entsprechendes machte Rudolf Steiner in pädagogischen Vortragszusammenhängen sporadisch auch für ausgewählte – und ebenfalls typologisch verstandene – Entwicklungshindernisse deutlich, skizzierte die richtungsweisenden karmischen Voraussetzungen von Gestaltdeformationen[45] und Krampferscheinungen[46], des Schielens[47] (und Stotterns), aber auch der

Linkshändigkeit[48]. – Diese methodischen Andeutungen betrafen dabei nicht nur die Entfaltung der Individualität im Erden-*Raum*, sondern auch in der gelebten Erden-*Zeit*. Eine detaillierte Entwicklungsphysiologie der siebenjährigen Werdeetappen war von Rudolf Steiner ebenfalls früh formuliert und seinen theosophisch-anthroposophischen Hörern nahe gebracht worden; 1924, in den ersten Monaten nach der Weihnachtstagung, aber beschrieb er erstmals die Überwindung des elterlichen Modelleibes durch die Eigenleistung der Ich-Individualität in physiologischer und pathologischer Ausformung[49] und damit die genaueren Prozesse der ersten beiden Lebensjahrsiebte unter reinkarnatorischen Gesichtspunkten – und erneut mit eindeutig schulender Ausrichtung. Über die konkrete Wahrnehmungsmöglichkeit für die wirksamen Individualitätskräfte des vorirdischen Daseins in der Leibesbildung und -umbildung des zweiten Lebensjahrsiebts sagte Rudolf Steiner innerhalb eines Karma-Vortrags beispielsweise:

> [...] An dieser Körperausbildung zwischen dem siebenten und vierzehnten Jahre, wenn man sich einen intimen Blick dafür aneignet, lässt sich entwickeln der Sinn für das Hineinschauen in das Leben vor dem Erdendasein, das man zugebracht hat zwischen dem Tode und einer neuen Geburt, bevor man heruntergestiegen ist zu diesem Erdendasein. (239, 208)[50]

Wiederholt betonte Rudolf Steiner in diesem Kontext, wie sehr für eine reinkarnatorisch erweiterte Menschenbetrachtung jedes Kind ein «heiliges Rätsel» sei, das im Vollzug einer solchermaßen vertieften Wahrnehmungs- und Erkenntnishaltung mit einer viel größeren und innigeren Aufmerksamkeit verstanden und geliebt wer-

den könne (310, 36; 302 a, 67f.) – und sprach von einem
«Lesen» in den Individualitäten der den Pädagogen und
Heilpädagogen zur Pflege übergebenen Kinder (308, 50).
Die methodische Schulung sollte ganz offenbar eine immer tiefere Verbindung mit der kindlichen Individualität
ermöglichen – auf dem Weg einer immer aufmerksameren
Gewahrwerdung ihrer besonderen Lebensäußerungen,
-formen und -notwendigkeiten, auch in ihren dialogischen,
auf Antwort und Hilfestellung angelegten Aspekten.

*

Trotz seines direkten Beginnes mit prinzipiellen Aspekten
einer karmisch vertieften Anthropologie behielt Rudolf
Steiner jedoch auch in den kasuistischen Darstellungen
des «Heilpädagogischen Kurses» vom Sommer 1924
seine Einsichten in den konkreten Schicksalsgang der
betroffenen Individualitäten weitgehend für sich – nach
Emil Bock, der den Kurs verfolgte, aufgrund der man-
gelnden Aufnahmebereitschaft (oder -voraussetzung)
verschiedener Zuhörer.[51] Bereits bei der Erstvorstellung
des im Kurs ausführlich besprochenen und im Arleshei-
mer Klinisch-therapeutischen Institut behandelten klep-
tomanen Jungen hatte Rudolf Steiner zu dessen Mutter
gesagt: «Sie finden unter zehntausend Kindern keinen wie
Ihren Richard. Er war im letzten Leben ein Richter, der
gelegentlich bewusst falsche Urteile fällte.»[52] – im Kurs
selbst verlor Rudolf Steiner darüber kein Wort.[53] Auch
die – dem Kurs unmittelbar vorausgegangene – Vorstellung einzelner Kinder des «Lauensteins» am 18. Juni 1924
hatte tiefe Gesichtspunkte der individuellen Lebens- und
Schicksalsgeschichten zum Vorschein gebracht. Über einen «schwachsinnigen» und an epileptischen Anfällen lei-

denden Jugendlichen, dessen Diagnostik und Therapie im späteren Kursverlauf eingehend thematisiert wurde, hatte es von Rudolf Steiner auf dem «Lauenstein» geheißen:

> Nun, es ist […] ein sehr individuelles Schicksal, es hat nicht viel mit der Familie zu tun. Es ist ein merkwürdiger karmischer Fall. Der Astralleib ist überreif. Es wirkt etwas aus der vorigen Inkarnation herein. Er hat nur kurze Zeit zwischen Tod und neuer Geburt verbracht, so dass er jetzt noch etwas hineingenommen hat von dem Astralleib der vorigen Inkarnation. Noch jetzt hat er in der Nacht merkwürdige Träume. Das wird sich so äußern, dass er nach dem Aufwachen merkwürdige Dinge abgebrochen sagt. Es könnte sein, dass er sieht, wie Schlangen sich herausschlängeln, sofern er schon Schlangen gesehen hat. Es ist ein schlechter Astralleib, der vor allem da im Hinterkopf sitzt [wobei Rudolf Steiner mit intensivstem Interesse seine Hand auf das von starrem Haar bedeckte Hinterhaupt des Knaben legte].
> Dem könnte man beikommen, wenn man die entgegengesetzte Astralität zuführt. Das wäre möglich vermittels der Algen. Die Algen ziehen die Astralkräfte der umgebenden Luft ein; die Pilze noch mehr. Aber man braucht nicht gleich mit dem Stärksten anzufangen. Die Schmarotzerpflanzen ziehen stark die Astralität heran. Durch Algeninjektionen wird die gesunde Astralität herangezogen, das ist die entgegengesetzte wie die im Körper. Dort ist schlechte Astralität.[54]

Werner Paches zitierte «Lauenstein»-Aufzeichnungen hielten die Vorstellungssituation des Kindes bis in Einzelheiten hinein fest – «wobei Rudolf Steiner *mit intensivstem Interesse* seine Hand auf das von starrem Haar bedeckte Hinterhaupt des Knaben legte» – und vergegenwärtigten seine reale Begegnung mit Rudolf Steiner, Steiners «Einblick» in die gegebene Situation und seine unmittelbare Durchsicht auf das zugrunde liegende Geschehen, aus dem heraus eine therapeutische Wendung möglich wurde.[55] Wie bei einzelnen Andeutungen in den Stuttgarter Lehrerkonferenzen wurde auch auf dem «Lauenstein» sichtbar, dass Rudolf Steiner zwar nicht das konkrete Gesamtschicksal des ihm vorgestellten Kindes – oder vielmehr der in ihm wirkenden Individualität – unmittelbar in *allen* Facetten wahrnehmen konnte, wohl jedoch ausgesprochen weitgehende Aspekte desselben, Aspekte, die dem aktuellen Krankheits-Geschehen Anstoß und Richtung gaben. Im «Heilpädagogischen Kurs» indes blieb diese eigentliche Individualitäts-Dimension der epileptischen Krankheits- und Krankengeschichte erneut unthematisiert und wurde zugunsten einer eher kasuistisch-typologisch gehaltenen – und insofern potentiell generalisierbaren – Darstellung zurückgenommen, die als solche jedoch hinreichend dazu in der Lage war, die therapeutische Rationalität des Vorgehens zu begründen.[56] Der «Heilpädagogische Kurs» und die in ihm entwickelten Kinder-Betrachtungen waren in diesem Sinne nicht wirklich idiographisch-lebensgeschichtlich aufgebaut, sondern bewegten sich auf der Verwirklichungsschicht des Individualitätsvollzugs, d.h. im Bereich jener – tendenziell typologisch konfigurierten – Kräfte-Organisationen und -Konstellationen der einzelnen Wesensglieder, mit deren Hilfe sich der Erdenweg des Ichs in Gesundheit und Krankheit organologisch verwirklicht. Rudolf Steiners eigene Kindes-Anschauung (und damit auch Kindes-Begegnung) aber ging weit darüber hinaus.

Die wahrscheinlich subtilste und intimste Schilderung einer Kinder-Vorstellung bei Rudolf Steiner schrieb die Mutter eines der Kinder des «Heilpädagogischen Kurses», Theodora Krück von Poturzyn, nieder. Sie war mit ihrem fünf Monate alten Sohn, der an einer progredienten und schweren Hydrozephalie litt, im Januar 1924 zu Ita Wegman und Rudolf Steiner nach Arlesheim gereist, in größter Verzweiflung und Armut. Am 4. Februar wurde Willfried Immanuel in Ita Wegmans Kliniksprechzimmer Rudolf Steiner erstmals vorgestellt. Unmittelbar danach begann die schwierige Behandlung des Kindes, die Rudolf Steiner bis zu seinem eigenen Tod am 30. März 1925 – exakt acht Monate vor dem Tod des Kindes am 30. November 1925[57] – intensiv begleitete. – Im Hinblick auf die diagnostische Erstvorstellung[58] hielt Theodora Krück von Poturzyn in ihrer Beschreibung situativ fest, dass Rudolf Steiner anfänglich die von Hilma Walter aufgenommene Krankengeschichte intensiv studierte (*«[…] es war eine Konzentration im Raum, dass ich kaum zu atmen wagte»*[59]), sich dann jedoch zu dem auf einer Untersuchungsliege sich befindlichen Kind setzte, dessen Fontanellen betastete, aber auch sein Gesicht, die Fußsohlen und Waden berührte. Daraufhin stellte Rudolf Steiner noch einmal Fragen an die Mutter, ehe er sich erneut in größter Konzentration Willfried Immanuel zuwandte, dem er fünf Monate zuvor – telegraphisch von England aus – seinen Namen gegeben hatte und den er nun erstmals sah:

In seinem schwarzen Anzug beugte er sich über das weiße Bündel von Kind, nahm die winzige Hand in die seine, hielt die andere an sein Herz. Sinnend hob er den Kopf, und seine dunklen Augen blickten in eine unabsehbare Ferne. Dann kam es mit allem Bedacht: «Die Krankheit liegt ganz offen – ich sehe klar, was ihm fehlt.» Dass er es sah: das fühlte ich, es stand in seinem Blick, es lag in seiner Stimme, es war so greifbar im Raum, dass ich meinte, ich müsse es durch seine Kraft ebenfalls sehen können. Eine wunderbare Ruhe glättete mich … Das Schicksal meines Sohnes war aufgenommen in eine Fürsorge, die weit herkam und weit hinausreichte über das Jetzt und Hier. Zwischen diesem großen Menschen, dessen eigentliches Wesen ich nur ahnte, und dem Kleinen, der jetzt mein Sohn hieß, spann sich ein geheimnisvoller Faden. In der lautlosen Stille – sie hat wohl nur ein paar Minuten gedauert – war mir, als sei ich Zeuge von etwas, dessen ich eigentlich nicht würdig war, und mir stockte der Atem aus Bangigkeit, diesen Augenblick zu stören.[60]

*

ANHANG

Ita Wegman:

Notizbucheintragungen
für eine heilpädagogische Ansprache
(1934)

Vorbemerkung

In einem Notizbuch aus dem Jahre 1934 notierte sich Ita Wegman den Beginn einer Ansprache vor Heilpädagogen. Dieser kurze und an dem von ihr gehörten Arnheimer Vortrag Rudolf Steiners vom 19.7.1924 orientierte Text[61] wird nachfolgend in Faksimile und Transkription wiedergegeben. Im Anschluss daran folgen weitere Notizen Ita Wegmans, («Rudolf Steiners Art, die Kinder anzuschauen.») die ganz offensichtlich dem intendierten Fortgang der Ansprache zugehörig sind und lediglich in abgetippter Form erhalten wurden (Ita Wegman Archiv, Arlesheim).

Ich möchte Ihnen erzählen
wie R Steiner Menschen
und Kinder, die ihm
vorgeführt wurden ~~wurde~~
angeschaut hat, und
was ihm wichtig vorkam
zu beobachten.
Vor allem war es
ihm wichtig die Kinder
frei herum laufen zu
lassen.
Da beobachtete er
sehr exact die Gesten
des Kindes, seinen
Gang und Orientierungs
vermögen.
Die 3 hervorragendsten
Fähigkeiten, die das
Kind bis zum Zahn
wechsel ausbilden muss
ist das Gehen, das Sprechen

Notizbucheintragung von Ita Wegman, Seite 1

und das Denken
Das Kind muss von
Kriechen zum aufrichten
kommen. Der Kopf
muss in die aufrechte
Stellung kommen
und es geht vom
Gehirn aus das
Insgleichgewichtkommen
des Menschen, das
gehen und das Greifen
und das orientieren
Nun muss auch
die Zirkulation und
Atmung in eine Gesetz
mässigkeit kommen
Und so wie im Zusam
menhange mit dem
was im Gehirn zum
ausdruck kommt der
aufrechte Gang und

Notizbucheintragung von Ita Wegman, Seite 2

70

die Orientierung mit
den Händen und Armen
zum Vorschein kommt
so kommt im Zusammen-
hange mit der Einrich-
tung des Zirkulations-
und Atmungssystemes
die Sprache beim Mensch
heraus. Indem der
Mensch sprechen lernt
richtet er sein Zirku-
lations und Atmungs-
system ebenso ein, wie
er ~~den Kopf~~ so auf-
~~setzen lernt~~, sein Heben
und Greifen entwickelt,
wenn er den Kopf so
aufsetzen lernt, das vom
Gehirn in der richtigen
Weise an Gewicht ver-
loren wird

Notizbucheintragung von Ita Wegman, Seite 3

Indem man einem
Kinde zuhören lernt
ob es eine harmo-
nische, weich sym-
pathische Stimme
oder eine schmet-
ternde Stimme
hat und dies zu-
sammen hängen will
mit den Lungenbewe-
gungen, mit der Herz-
bewegung und Blut-
pulsieren — bis in
die Finger und Zehen-
spitzen hinein den gan-
zen Menschen innerlich
durchvibrierend, da
sieht man in dem
was man in seiner Sprache
sich ausdrückt zu-
gleich seelisches

Notizbucheintragung von Ita Wegman, Seite 4

Wenn man das Wesen
des menschen in wahrer
menschen erkentnis ergreifen soll muss man
sich das ohr spirituell
schulen muss für das
Anhören der Kinderstimme
ein Kind mit schmettern-
der ~~Stund~~ Stimme
verrät, dass es ein
stockendes Karma
hat, und man muss
es dazu verhelfen, dass
dieses Karma heraus
kommen kann

Zur Erziehung ist eben
~~menschl~~ notwendig
menschen erkentnis.

Notizbucheintragung von Ita Wegman, Seite 5

Transkription der handschriftlichen Notizbucheintragungen

Ich möchte Ihnen erzählen, wie Rudolf Steiner Kinder, die ihm vorgeführt wurden, angeschaut hat, und was ihm wichtig vorkam zu beobachten.

Vor allem war es ihm wichtig, die Kinder frei herumlaufen zu lassen. Da beobachtete er sehr exakt die Gesten des Kindes, seinen Gang und [sein] Orientierungsvermögen. Die 3 hervorragendsten Fähigkeiten, die das Kind bis zum Zahnwechsel ausbilden muss, ist [sind] das Gehen, das Sprechen und das Denken. Das Kind muss vom Kriechen zum Aufrichten kommen. Der Kopf muss in die aufrechte Stellung kommen, und es geht vom Gehirn aus das Insgleichgewichtkommen des Menschen, das Gehen und das Greifen und das Orientieren. Nun muss auch die Zirkulation und Atmung in eine Gesetzmäßigkeit kommen. Und so wie im Zusammenhange mit dem, was im Gehirn zum Ausdruck kommt, der aufrechte Gang und die Orientierung mit den Händen und Armen zum Vorschein kommt, so kommt im Zusammenhange mit der Einrichtung des Zirkulations- und Atmungssystemes die Sprache beim Menschen heraus. Indem der Mensch sprechen lernt, richtet er sein Zirkulations- und Atmungssystem ebenso ein, wie er sein Gehirn und [sein] Greifen einrichtet, wenn er den Kopf so aufsetzen lernt, dass vom Gehirn in der richtigen Weise an Gewicht verloren wird.

Indem man einem Kinde zuhören lernt, ob es eine harmonische, weich sympathische Stimme oder eine schmetternde Stimme hat und dies zusammenhängen sieht mit den Lungenbewegungen, mit der Herzbewegung und Blutzirkulation – bis in die Finger- und Zehenspitzen hinein den ganzen Menschen innerlich durchvibrierend, da sieht man in dem, was in seiner Sprache sich ausdrückt, zugleich Seelisches. Wenn man das Wesen des Menschen in wahrer Menschenerkenntnis ergreifen soll, muss man sich das Ohr spirituell schulen für das Anhören der Kinderstimme. Ein Kind mit schmetternder Stimme verrät, dass es ein stockendes Karma hat, und man muss ihm dazu verhelfen, dass dieses Karma herauskommen kann. Zur Erziehung ist eben notwendig Menschenerkenntnis.

Rudolf Steiners Art, die Kinder anzuschauen

Beobachtung des Orientierungsvermögens, der Gesten und des Gehens.

Wir wissen, dass das Kind bis zum $2\,^1/_3$ Jahr die aufrechte Stellung sich angeeignet hat, gehen gelernt und die Fähigkeit hat, die Gesten der Menschen seiner Umgebung nachzuahmen und anzueignen.

Das hängt ab davon, ob das Gehirn die richtige Gleichgewichtslage sich erobert hat.

Von $2\,^1/_3$ bis $4\,^2/_3$ Anlage der Sprache

Das Durchbrechen der Sprache hängt davon ab, ob die Zirkulation und Atmung in der richtigen Art zusammenwirken.

Zerhackte Sprache

Fließende Sprache

Das Durchfühlen der Sprache erst nach dem 7. Jahr bis 14. Jahr, wo auch das Empfindungs- und Gefühlsleben zum Ausbruch kommt. Dann kommt als dritte Entwicklungsepoche innerhalb der 7 Jahre die Anlage zum Denken, das sich eigentlich voll organisiert vom 14. bis 21. Jahr.

Wie das Kind mit seinen Beinen richtig auf Erden geht, nicht auf den Fersen, nicht auf den Zehen, seine Gliedmaßen richtig betätigt, davon hängt ein richtiges Denken ab.

Seelisch-Geistiges gebunden an physischen Körper

Frei der Aetherleib nach dem Zahnwechsel = Gedächtnis

Zwischen Zahnwechsel und Geschlechtsreife ist noch verborgen in dem Aetherleib der Astralleib.

Damit Aetherleib frei wird, muss er sich plastizieren.

Das Künstlerische macht den Astralleib frei wie Malen und Musik.

Ein gesundes Kind hat den Astralleib noch tief drinnen in physischen und Aetherleib vor der Geschlechtsreife. Nach der Geschlechtsreife wird der Astralleib frei, aber sie muss noch einmal durchdringen Aetherleib und physischer Leib.

7 bis $9^{1/3}$ Bildhaftigkeit, märchenhaft sprechen
$9^{1/3}$ bis $11^{2/3}$ das Ich fängt an, sich zu unterscheiden von der Außenwelt. Die Außenwelt interessiert ihn. Ursachenbegriff.
$11^{3/4}$ bis 14 jetzt Geschlechtsreife
Urteilsfähig
Dankbarkeit
Pflicht
Liebe

Die Äußerungen des Geistig-Seelischen in der Körperlichkeit.
Geistig-Seelisches zu verfolgen in der geistigen Welt.
Gehen sich orientieren
Geistseele unter individuellen Geistseelen
Karma

Sprache	Offenbarung
Volkskarma	der Geistwelt.
Denken	das Erwachen
Menschheitsdenken	des Selbstgefühles

Imagination
Inspiration
Intuition

*

Anmerkungen

1   Beginn einer Ansprache vor Heilpädagogen, Notizbuchentwurf, siehe Anhang, S. 69.

2   Friedrich Rittelmeyer: *Meine Lebensbegegnung mit Rudolf Steiner*, S. 35.

3   Rudolf Steiner wird hier und nachfolgend nach dem Wortlaut der Rudolf Steiner-Gesamtausgabe (Rudolf Steiner Verlag, Dornach/Schweiz) zitiert, wobei die erste Zahl in den Klammern stets den entsprechenden Band der Gesamtausgabe (GA), die zweite die zitierten Seiten bezeichnet. Zu den ausführlichen Buchtiteln und den jeweilig benutzten Auflagen vgl. das Literaturverzeichnis.

4   Vgl. u. a. die im Literaturverzeichnis angeführten Übersichtsmonographien von Walter Holtzapfel, Karl König und Thomas Weihs sowie zahlreiche publizierte Einzelstudien und Aufsatzsammlungen.

5   Vgl. hierzu u. a. die Darstellung von Sergej O. Prokofieff: *Das Mysterium von Rudolf Steiners Lebensweg.* In: Sergej O. Prokofieff: *Rudolf Steiner und die Grundlegung der neuen Mysterien.* Stuttgart[1] 1982.

6   Vgl. neben der schriftlichen Darstellung in Rudolf Steiners Autobiographie *Mein Lebensgang* (28, 106ff.) insbesondere die ausführlichen Schilderungen in den Vorträgen vom 3. 1. 1922 (Dornach; GA 303) und 21. 7. 1924 (Arnheim; GA 310).

7   Vgl. zum allgemeinen Charakter von Rudolf Steiners in der Wochenschrift «Das Goetheanum» publizierten autobiographischen Darstellungen die Vortragsbemerkung vom 12. 9. 1924: «Gewiss, ich konnte nur die Äußerlichkeiten dieser Dinge im «Goetheanum» erzählen, und die Aufsätze werden ja als Buch erscheinen, mit Anmerkungen, in denen dann auch das Innerliche berücksichtigt wird.» (238, 70) Die vergleichende Lektüre von Rudolf Steiners Karma-Vorträgen und der autobiographischen Aufsätze zeigt, wie das in

schriftlicher Form unthematisierte «Innerliche» nicht zuletzt in der spirituellen Schicksalsdimension der entsprechenden Vorgänge bestand.

8 Zit. nach Wilhelm Uhlenhoff: *Die Kinder des Heilpädagogischen Kurses*, S. 69. Dass die Untersuchungsbedingungen dabei nicht immer einfach waren, deutet eine andere Erinnerungsnotiz an: «Als meine Mutter mit mir Rudolf Steiner besuchte, tobte ich schrecklich. Rudolf Steiner saß in einem Sessel, ich stand vor ihm, und er hielt mich an den Handgelenken fest, bis ich ganz ruhig war.» (ebd., S. 152)

9 Einem Brief Friedrich Husemanns an Rudolf Steiner vom 15. 9. 1919 zufolge plante jedoch Louis Werbeck bereits nach dem ersten Weltkrieg ein Heim für Kinder mit «verbrecherischen Anlagen» und hatte von Rudolf Steiner die Zusage erhalten, «die Erzieher dazu speziell auszubilden». Husemann bot darauf Rudolf Steiner an, ein entsprechendes Heim innerhalb der psychiatrischen Klinik St. Jürgen Asyl Ellen (bei Bremen) zu begründen, wo er zu dieser Zeit ärztlich arbeitete. Er erbat sich von Rudolf Steiner persönliche Unterweisungen («Vor allem müsste ich selber erst mal wissen, was ich mit solchen Kindern anfangen soll»), übersandte die Fallkasuistik einer 14-jährigen Jugendlichen, die entsprechende Jugendamts-Akte und ein eigenes Gutachten (Rudolf Steiner Archiv, Dornach). Eine Antwort Rudolf Steiners erhielt sich nicht.

10 Vgl. die im Literaturverzeichnis genannten, diesbezüglich wegweisenden Arbeiten Wolfgang Blankenburgs.

11 In der entsprechenden Passage einer Stuttgarter Lehrerkonferenz hieß es hierzu von Steiners Seite: «In Psychologie wirken! Das ist nicht so abstrakt, theoretisch aufzufassen, wie es scheinen könnte. Sehen Sie, es schaut so aus, als ob man die Kinder analysieren wollte. Wenn man sich gewöhnt, sich recht zu bestreben, die Kinder kennenzulernen psychologisch, dann bekommt man allmählich ein anderes Verhältnis zu ihnen, ganz rein durch das Ergebnis der Sache selbst. Dieses Kennenlernen bleibt nicht bloß ein Erkennen der Kinder; es wird zu einem anderen Verhältnis zu den Kindern, wenn man sich bemüht, sie kennenzulernen. Da ist natürlich

noch manches nachzuholen im Herstellen eines richtigen Erkenntnisverhältnisses zu den Kindern.» (300 a, 155 f.)

12 Zit. nach Peter Matthiessen: *Der diagnostisch-therapeutische Prozess als Problem der Einzelfallforschung*, S. 38.

13 In seinem Torquayer Vortrag vom 12. 8. 1924 sagte Rudolf Steiner darüber hinaus in anthropologischer Wendung: «Bei den artigen Kindern ist es meistens so, dass ihnen der Körper schwer wird. Schon im Kindheitsalter wird ihnen der Körper schwer. Der Geist kann ihn nicht recht in Empfang nehmen; die Kinder sind still, sie schreien nicht. Die Kinder sitzen viel, sie toben nicht. Der Geist ist in ihnen untätig, weil der Körper solchen Widerstand bietet. Bei so genannten braven Kindern ist es oftmals so, dass der Körper dem Geiste Widerstand bietet. In Kindern, die nicht so brav sind, sondern die ordentlich toben, ordentlich sich ausschreien, die einem Mühe machen, in denen regt sich der Geist, natürlich auf ungeschickte Art, denn er ist vom Himmel auf die Erde versetzt, aber er regt sich eben. Er braucht den Leib. Man kann tatsächlich das wüste Geschrei eines Kindes zuweilen furchtbar entzückend finden, aus dem einfachen Grunde, weil man dabei erfährt, welches Martyrium zunächst der Geist durchmacht, wenn er in einen kindlichen Körper hinunterkommt.» (311, 16)

14 Vgl. auch die Ausführungen Steiners zu diesem Jungen innerhalb derselben Konferenz vom 15. 3. 1922 sowie bei einer kasuistischen Folgebesprechung sieben Monate später (300 b, 122 ff.), des weiteren die Thematisierung von Steiners entsprechender Haltung in meiner Studie: *«Eine grandiose Metamorphose». Zur geisteswissenschaftlichen Anthropologie und Pädagogik des Jugendalters*, S. 59 f.

15 In Karl Schuberts Stenogramm der Lehrerkonferenz vom 23. 12. 1919, dreieinhalb Monate nach Schulbeginn, wurde beispielsweise explizit festgehalten: «Es sollen auf Freitag 26. Dezember, 9 Uhr, die Kinder der 1.–4. Klasse «zu einer Besprechung» hergerufen werden, die in irgendeiner Beziehung den Lehrern Schwierigkeiten bereiten, und für Montag 29. Dezember, 9 Uhr, solche Kinder aus der 5.–8. Klasse. Eine Liste der Herzurufenden wird aufgestellt.» (300 a, 115) Wenige Tage später, in der Lehrerzusammenkunft vom

1.1.1920, berichtete Rudolf Steiner dann von seinen Eindrücken und gab genaue Förderungshinweise für die einzelnen Kinder (300a, 117f.). – In verschiedenen künftigen Konferenzen betonte Rudolf Steiner auf entsprechende Fragen, dass er einzelne Kinder persönlich sehen wolle («[Das stotternde Mädchen] müsste ich doch sehen. Man muss doch wissen, woran es liegt, ob es ein organischer Fehler ist oder seelisch. Es kann beides sein. Wenn es ein seelischer Fehler ist, kann man bestimmt formulierte Sätze machen, wodurch sie sich trainieren müsste. Wenn es ein organischer Fehler ist, dann müsste man etwas anderes machen. Die müsste ich morgen anschauen.» 300a, 151) – auch, um erste Verdachtseindrücke näher verifizieren zu können («Es ist wahrscheinlich, dass da organische Sachen zugrunde liegen; da müsste man sich im einzelnen mit ihm beschäftigen. Wahrscheinlich leider der Bub an organischen Sachen. [...] Man wird die eigentliche Ursache seines Stumpfsinns im Verdauungssystem zu suchen haben.» 300a, 259f.). Bei anderen Kindern dagegen antwortete Steiner bereits vollumfänglich innerhalb der Konferenz.

16 Die Stuttgarter Waldorfschule begann im Herbst 1919 mit 256 Schülern in 8 Klassen und umfasste im letzten, noch von Rudolf Steiner begleiteten Schuljahr (30.4.1924 bis 30.3.1925[!]) immerhin 784 Schüler in 23 Klassen.

17 Caroline von Heydebrand: *Rudolf Steiner in der Waldorfschule,* S. 57.

18 Ebd., S. 7.

19 Zit. nach Peter Matthiessen, a.a.O., S. 37.

20 Ebd., S. 35.

21 Zum unlösbaren Verhältnis von Diagnose und Therapie vgl. insbesondere Rudolf Steiners prinzipielle Ausführungen in *Meditative Betrachtungen und Anleitungen zur Vertiefung der Heilkunst* (316, 161 ff.) – Gezielte therapeutische Interventionen, die bis in die Physiologie des Kindes hinein wirksam werden sollten, erwartete Rudolf Steiner nicht nur von den anthroposophischen Ärzten und Heilpädagogen, sondern bereits vom Lehrerkollegium der Stuttgarter Waldorfschule («L.H. hat wohl schwache Augen: die Augenachsen paralleler machen! Sie konvergieren zu stark. Versuchen Sie, ihn zu

gewöhnen, ein klein wenig, so viel wie ein halber Zeigefinger, das Buch weiter weg halten zu lassen, als er es gewohnt ist. Die Sehachsenkreuzung etwas vom Gesicht wegschieben.» 300a, 282) In Verbindung mit dem Schularzt Eugen Kolisko (vgl. Peter Selg: Eugen Kolisko. In: *Anfänge anthroposophischer Heilkunst*, S. 137ff. und Peter Selg: Rudolf Steiner und Eugen Kolisko: Die Gründung der Waldorfschule und der erste Schularzt. In: Peter Selg (Hg.): *Eugen Kolisko. Vom therapeutischen Charakter der Waldorfschule*, S. 17ff.) ordnete Steiner auch zahlreiche somatische Therapien an (vgl. u. a. 300b, 177; 300c, 33/57/86) und wünschte bei einzelnen Schulkindern eine wesentlich engere Zusammenarbeit des Lehrerkollegiums mit den Ärzten des Stuttgarter Klinisch-therapeutischen Instituts (300b, 192; vgl. auch 300b, 119). Auf Bitte Eugen Koliskos vom 24.11.1922 begann Steiner darüber hinaus am 6.2.1923 mit der Entwicklung einer prinzipiellen «Schul-Gesundheitslehre», in der er den Pädagogen wesentliche Hilfestellungen für die Erfassung und diätetisch-pädagogische Förderung der kindlichen Konstitution gab (vgl. 300b, 257ff.). Vgl. auch Anm. 22.

22 Rudolf Steiner charakterisierte auf Fragen wiederholt die besondere Wesensglieder- und Organsituation einzelner Kinder («Bei ihm liegt eine Abnormität der Gehirnhaut vor, eine abnorme Kopf- und Hirnhautbildung. Er hat zuckende Krämpfe; vielleicht ist es eine Schädigung durch eine Zangengeburt, es kann aber auch vererbt sein. Da handelt es sich um eine Ausschaltung des Ätherleibes.» 300a, 113; «Er hat ein zu kleines Gehirn [...]. Man braucht ihn nur anzuschauen. Es ist kleiner geblieben, als es sein sollte.» 300a, 283), korrigierte dabei unter Umständen auch gebräuchliche Diagnosen – und sagte beispielsweise über ein vermeintlich taubstummes Kind in der Hilfsklasse: «Das Kind ist nicht taubstumm, es hört sowohl und kann auch zum Sprechen gebracht werden. Aber es ist das Zentralorgan träge.» (300c, 33) Im übrigen forderte Steiner die Lehrer wiederholt dazu auf, prophylaktisch bei einzelnen Kindern tätig zu werden, auch im Hinblick auf eine sich anbahnende Entwicklung psychiatrischer Problematiken: «Die A.B. hat starke Anlage

zu Dementia praecox. Der E. G. ist pathologisch unruhig; er muss recht oft ermahnt werden. Sonst könnte auch bei ihm eine Dementia praecox eintreten mit fünfzehn Jahren. Wir haben sieben bis acht solche Kinder in der Schule.» (300 a, 123) «Auf die zahlreichen Psychopathenkinder muss man acht geben. Der St. B. in der 1. Klasse sieht astrale Fliegen. Der müsste auch etwas behandelt werden. Der ganze Astralleib ist in Unordnung. Eine starke Asymmetrie des Astralleibes nach allen Seiten. Man müsste versuchen, ihn solche Übungen machen zu lassen, heileurythmisch, wobei er die Hände auf den Rücken machen muss. Übungen, die man sonst nach vorne macht, nach rückwärts machen.» (300 c, 82) Vgl. hinsichtlich Steiners prinzipiellem Erziehungs- und Therapiebegriff auch Anm. 55.

23 Zit. nach Peter Selg: Rudolf Steiner und Eugen Kolisko: Die Gründung der Waldorfschule und der erste Schularzt, S. 33 f.

24 Caroline von Heydebrand, a. a. O., S. 58.

25 Vgl. hierzu Peter Selg: *Vom Logos menschlicher Physis*, S. 593 ff. und Peter Selg (Hg.): *Rudolf Steiner. Quellentexte für die Wissenschaften. Texte zur Medizin. Band 3: Physiologische Menschenkunde*, S. 155 ff.

26 Zur Differenz zwischen äußeren Symptomen und dem substantiellen Inhalt des Krankseins vgl. 317, 12 f. sowie Peter Selg: *Krankheit, Heilung und Schicksal des Menschen*, S. 31 ff. – Rudolf Steiner schulte seine Zuhörer im Gewahrwerden und Erfassen wesentlicher Entwicklungs- und Krankheitsäußerungen der geistig-physischen Organisation und insofern in einer phänomenologisch-symptomatologischen Betrachtungsweise; die tiefer, «symptomato-logisch», d. h. in ihrem «Logos» zu verstehen «Symptome» waren dabei jedoch nicht durchgängig mit den Elementen der konventionellen klinischen Symptom- oder «Zeichen»-Lehre identisch, sondern ihrerseits wesenhafter Ausdruck des eigentlichen Prozessgeschehens, d. h. in ihrem Auffinden und ihrer Auswahl von der Vor-Leistung einer spezifisch geisteswissenschaftlichen Diagnostik – bzw. einem ausgebildeten Gefühl für das Wesentliche – abhängig (s. den weiteren Text; zur möglichen Befunderhebung *jenseits* der klinischen Symp-

tomatologie vgl. im übrigen auch die 4. Kasuistik der medizinischen Publikation von Rudolf Steiner und Ita Wegman, wo es bezüglich der Diagnostik eines erkrankten Kindes aus unmittelbar geistiger Anschauung hieß: «Es handelte sich darum festzustellen, wie es mit den Organisationsgliedern des Kindes stand. Dies wurde unabhängig von dem Symptomenkomplex versucht.» [27, 108] In seiner mündlichen Erläuterung dieses Vorgehens sagte Rudolf Steiner in der entsprechenden Falldiskussion vor anthroposophischen Ärzten: «Man hat da einen okkulten Befund, den man aufnehmen muss. Aber wenn man darauf gekommen ist, dann sind die einzelnen Erscheinungen durchaus geeignet, verifiziert zu werden. Entschieden muss man sich angewöhnen, die Ursachen aus den Ursachen zu verifizieren. Die Zusammensetzung der Symptome ergibt doch eigentlich nur ein unklares Bild.» 314, 307).

27 Zur Beziehung des Astralleibes zur Sprache und zur kindlichen Sprachentwicklung vgl. u. a. Peter Selg: *Vom Logos menschlicher Physis*, S. 510f.

28 Vgl. Peter Selg: *«Eine grandiose Metamorphose». Zur geisteswissenschaftlichen Anthropologie und Pädagogik des Jugendalters,* S. 63ff.

29 Vgl. in diesem Kontext auch Rudolf Steiners spezielle therapeutische Übungs-Empfehlungen für diesen Jugendlichen 300 c, 108f.

30 Vgl. Anm. 14.

31 Vgl. auch Anm. 44.

32 Im Kontext einer längeren Karma-Ausführung vom 24. Februar 1924 über die Zusammenhänge zwischen seelischen Entfaltungsgesten einzelner Inkarnationen, sagte Rudolf Steiner: «Und wenn wir heute reden von einer Waldorfschul-Pädagogik, so müssen wir natürlich der gegenwärtigen Erdenzivilisation Rechnung tragen. Da können wir noch nicht mit voller Offenheit so erziehen, dass wir sozusagen für das Bewusstsein in wiederholten Erdenleben erziehen, denn die Menschen habe heute auch noch nicht einmal ein dunkles Gefühl für die wiederholten Erdenleben. Aber die Ansätze, die gerade in der Waldorfschul-Pädagogik gemacht wer-

den, sie werden sich, wenn sie aufgenommen werden, in den nächsten Jahrhunderten dahin weiter entwickeln, dass man in die ethische, in die moralische Erziehung das hineinbeziehen wird: Ein wenig begabtes Kind geht zurück auf frühere Erdenleben, in denen es viel gehasst hat, und man wird dann an der Hand der Geisteswissenschaft aufsuchen, wen es gehasst haben könnte. Denn die müssen sich in irgendwelcher Umgebung wieder finden, die Menschen, die gehasst worden sind und denen gegenüber Taten begangen worden sind aus dem Hass. Und man wird die Erziehung nach und nach in den kommenden Jahrhunderten viel mehr ins Menschenleben hineinstellen müssen. Man wird bei einem Kinde sehen müssen, woher sich spiegelt oder spiegelte in dem Leben zwischen dem Tod und einer neuen Geburt dasjenige, was da in einer Metamorphose des Unverstandes sich auslebt im Erdenleben. Und dann wird man etwas tun können, damit im kindlichen Alter zu denjenigen Menschen besondere Liebe entwickelt wird, zu denen in früheren Erdenleben ein besonderer Hass vorhanden war. Und man wird sehen, dass durch eine solche konkret aufgewendete Liebe der Verstand, überhaupt die ganze Seelenverfassung sich aufhellen wird. Nicht in allgemeinen Theorien über das Karma wird dasjenige liegen, was der Erziehung helfen kann, sondern in dem konkreten Hineinschauen in das Leben, um zu bemerken, wie die karmischen Zusammenhänge sind. Man wird schon bemerken: dass schließlich Kinder in einer Klasse zusammengetragen werden vom Schicksal, das ist doch nicht ganz gleichgültig. […] Und dann wird man in die Entwickelung der Kinder dasjenige hineinnehmen, was da ausgleichend wirken kann.» (235, 75f.)

33 Vgl. hierzu im einzelnen Peter Selg (Hg.): *Rudolf Steiner. Quellentexte für die Wissenschaften. Texte zur Medizin. Band 3: Physiologische Menschenkunde*, S. 164ff. – Zur allgemeinen Notwendigkeit eines vorgeburtlich-kosmischen Bezuges des Erziehers bzw. über die entsprechende geistig-pädagogische Haltung sagte Rudolf Steiner am 16.4.1924 in Bern: «Der Mensch ist ja, bevor er ein Erdenwesen wird, ein seelisch-geistiges Wesen, das in seelisch-geistigen Welten lebt.

[...] Er steigt herunter, verbindet sich als seelisch-geistiges Wesen mit dem physisch-ätherischen Menschenkeim, der zustande kommt teils durch die Tätigkeit des Seelisch-Geistigen selbst, teils aber durch die Vererbungsströmung, die durch die Generationen durchgeht und die durch Vater und Mutter an den Menschen, der sich im physischen Leib verkörpern will, herankommt. Wenn man dieses Seelisch-Geistige vor sich hat, das da an den Menschen zunächst herankommt, wird man es mit scheuer Ehrfurcht betrachten. Man wird gewissermaßen dem Werden des Kindes mit einem religiösen Gefühl auch als Lehrer gegenüberstehen; ich möchte sagen, mit einem priesterlichen Gefühl, weil die Art, wie sich Seelisch-Geistiges im Kinde enthüllt, wirklich zu einer Offenbarung des Seelisch-Geistigen im Physisch-Ätherischen wird. Hat man die Stimmung, dass sich ein von Göttern Gesandter herunter begibt auf Erden und sich im Leibe verkörpert, dann bekommt man die richtige Gesinnung, die man in der Schule zu entfalten hat. Aber man lernt auch nur dadurch, dass man anzuschauen fähig ist, wie sich das Kind allmählich entwickelt. Dasjenige, was sich im Kinde vor dem Zahnwechsel im Aufbau seines Leibes, in der Gestaltung der chaotischen Bewegung, in der Durchseelung des Mienenspieles und so weiter zeigt: in alldem haben wir ja das zu sehen, was noch, sofern es aus dem Mittelpunkt des Kindes heraus wirkt, im wesentlichen eine Nachwirkung desjenigen ist, was der Mensch durchgemacht hat vor seinem irdischen Leben in der göttlich-geistigen Welt. Nur derjenige sieht in richtiger Weise hin auf Lebensäußerungen und Lebensregungen eines Kindes, der gewissermaßen das Vorleben in der göttlich-geistigen Welt in demjenigen sieht, was an dem Leibe des Kindes bis zum Zahnwechsel des Kindes vorgeht. (309, 65f.; vgl. auch 296, 70; zum «priesterlichen» Aspekt der Erzieheraufgabe s. a. 308, 30f./37f.) In Torquay sagte Rudolf Steiner am 12. 8. 1924 in diesem Zusammenhang: «Das Kind muss in eine Welt hinein, in die es oft durchaus nicht hineinpasst. Das ist eine furchtbare Tragik, wenn man das bewusst durchführt. Wenn man das bewusst durchführen müsste, wenn man etwas von Initiation kennt und mit Bewusstsein sieht, was im Kinde diesen Körper ergreift, muss man sagen: Das ist ja im Grunde genommen etwas ganz Schreckliches, in all dieses Knochengezüchte, in all dieses Sehnengezüchte, das man erst formen muss, sich hineinzufinden; das ist etwas furchtbar Tragisches. Das Kind weiß nur nichts davon, und das ist gut, weil der Hüter der Schwelle es [davor] behütet, dass es etwas davon weiß. Aber der Lehrer soll davon wissen. Er soll mit einer ungeheuren Ehrfurcht vor dem Kinde stehen und wissen: Da ist ein Göttlich-Geistiges auf die Erde heruntergestiegen. Dass wir dieses wissen, mit diesem unser Herz durchdringen und von da aus Erzieher werden, darauf kommt es an.» (311, 19f.)

34 Vgl. Peter Selg: *Vom Logos menschlicher Physis,* S. 596 ff.

35 Vgl. Anm. 2.

36 Siehe Anhang, S. 69 – Auch von den Kindervorstellungen auf dem Lauenstein berichteten die Heilpädagogen Steiners entsprechende Aufmerksamkeit – u. a. auch seine Intervention angesichts eines intendierten Durchbrechens bzw. Stoppens des hypermotorischen Auftritts eines «schwachsinnigen» Jungen («Wie ein Kreisel sauste er um den runden Tisch. Bei einem der Teilnehmer entdeckte er ein Kissen im Rücken, riss dieses heraus, steckte es triumphierend dem nächsten zu, wieder heraus, zum nächsten usw. […]»): *«Lassen Sie nur, es ist sehr interessant.»* (zit. nach Wilhelm Uhlenhoff, a. a. O., S. 188)

37 Vgl. Peter Selg: *Vom Logos menschlicher Physis,* S. 593 ff.

38 Ebd., S. 589 ff.

39 Ebd., S. 332 ff.

40 Vgl. in diesem Zusammenhang auch die weiter unten angeführten Darstellungen Rudolf Steiners zu den spirituellen Hintergründen von Krampferscheinungen, aber auch des Stotterns; vgl. des weiteren die ausführliche Beschreibung der Krampf-Problematik und der ihr assoziierten rhythmischen Schwäche Friedrich Schillers im Arnheimer Vortrag vom 18. 7. 1924 (GA 310) sowie im weiteren Kontext die Gesamtbeziehung des Rhythmischen Systems zum vorgeburtlichen Leben (u. a. GA 318) und zum Karma-ordnenen Christuswirken «im Umkreis» (u. a. GA 260).

41 Wie sehr sich Rudolf Steiner jedoch über ernsthaft vorgebrachte Schicksals-Fragen von pädagogisch-heilpädagogischer Seite freute und wie bereitwillig er daraufhin Auskunft gab, verdeutlicht die Erinnerungsnotiz Siegfried Pickerts an das erste Gespräch der drei jungen Heilpädagogen mit Rudolf Steiner im Januar 1924, wo es nach Besprechung vieler pädagogisch-therapeutischer Einzelfragen hieß: «Da war es ein wichtiger Augenblick, als aus tiefem Herzensgrund, aus den Tiefen hervorgeholt mit hörbarem Seufzer, so wie Franz Löffler das konnte, mit einer gewissen elementarischen Kraft die Frage hervorbrach: Herr Doktor, wie ist es mit dem Schicksal solcher Kinder überhaupt? Schicksalsfragen: damit war fast ungewollt, fast unbewusst das Lebens- und Wirkensmotiv Rudolf Steiners angeschlagen, das von der Weihnachtstagung an durch die ganze Zeit seines Wirkens, die uns noch vergönnt war, sich hinzieht. Eine sichtbare Veränderung ging mit Rudolf Steiner vor sich.» (zit. nach Peter Selg: *Der Engel über dem Lauenstein*, S. 37)

42 «Nehmen wir im Konkreten einmal einen Menschen, der sich in einem Leben sehr stark für sich selbst interessieren muss. Dadurch, dass er einfach einsam ist, muss er sich für sich selber interessieren. Dadurch, dass er sehr häufig sich mit sich beschäftigen muss, dadurch kommt er insbesondere in die Lage, das Seelische in dem Gefüge seines Körperlichen auszugestalten, gezwungen durch die Verhältnisse, und er bringt in die nächste Inkarnation mit ein sehr stark ausgebildetes Leibliches mit Bezug auf sein Verhältnis zur Außenwelt. Er wird ein Sanguiniker. Dadurch kann es vorkommen, wenn einer durch seine Inkarnation zur Einsamkeit gezwungen ist und dadurch zurückgeblieben wäre, so gleicht er das in der nächsten Inkarnation dadurch aus, dass er ein Sanguiniker ist, der auf alles aufmerksam sein kann. Wir dürfen ja das Karma nicht moralisch betrachten; wir müssen es kausalisch betrachten. Dass er ein Sanguiniker werden kann, angewiesen auf die Beobachtung der Außenwelt, das kann ja ein sehr Gutes für das Leben abgeben, wenn es in der richtigen Weise erzogen wird. Das Temperament hängt [...] in her-

vorragendem Maße mit den allgemeinen Antezedenzien des Menschenwesens, des menschlichen Gemütslebens zusammen.» (295, 52)

43 In seinem Dornacher Vortrag vom 10. Mai 1924 sagte Rudolf Steiner hierzu: «[...] Gewisse physische Prozesse versteht man erst, wenn man auf die vorigen Erdenleben zurückschaut. Ein Mensch, der die Welt kennengelernt hat in einem früheren Erdenleben, bei dem ist es halt so, dass er schnell wachsende Haare hat. Ein Mensch, der die Welt wenig kennengelernt hat in einem vorigen Erdenleben – Sie können es beobachten –, bei dem entwickeln sich ganz langsam wachsende Haare. Die liegen dann an die Oberfläche des Körpers an, währenddem diejenigen, die sich am intensivsten interessiert haben in einem vorigen Erdenleben, die sich überintensiv interessiert haben, die ihre Nase in alles hineingesteckt haben, struppiges Haar haben. Das ist ein ganz richtiger Zusammenhang. So können wir die mannigfaltigsten Körperkonfigurationen auf Erlebnisse in einem der vorigen Erdendaseine zurückbeziehen. Das geht wirklich bis auf die Einzelheiten der Konstitution. Nehmen wir zum Beispiel einen Menschen, der in einem Erdenleben viel sinnt, viel nachsinnt. Ja, sehen Sie, der wird im nächsten Erdenleben ein schmächtiger, magerer Mensch sein. Wer in irgendeinem Erdenleben wenig nachsinnt, sondern mehr so im Erfassen der Außenwelt lebt, der ist im nächsten Erdenleben veranlagt, viel Fett anzusetzen. Das hat wiederum eine Bedeutung für die Zukunft. [...] Es ist wirklich ein solcher Zusammenhang zwischen der geistig-moralischen Art, wie der Mensch in seinem Erdenleben lebt, und seiner physischen Konstitution in einem nächsten Erdenleben. Das kann man nicht genügend betonen. – Nehmen Sie andere Fälle. Nehmen Sie zum Beispiel den Fall, dass in einem Erdenleben ein Mensch, sagen wir, so lebt, dass er ein Denker ist. [...] Ein solcher Denker wird dadurch, dass er im Denken hauptsächlich dasjenige beschäftigt, was ja mit dem Erdenleben abfällt, und dass er unbeschäftigt lässt, was in die nächste Inkarnation die Kräfte hinüberschickt und an der Kopfbildung teilnimmt, ein solcher Mensch wird in einem neuen Erdenleben auftreten mit

einem weichen Fleisch, mit zartem, weichem Fleisch. Aber das Eigentümliche ist dieses: Wenn er viel denkt, so wird in seinem nächsten Erdenleben seine Haut sehr wohl gebildet sein, die ganze Oberfläche des Körpers, die Haut, wird sehr wohl gebildet sein. Und wiederum, wenn Sie Menschen finden, deren Haut zum Beispiel Flecken zeigt, Leute mit unreiner Haut, so können Sie von da aus immer schließen – es müssen natürlich andere Gründe dazukommen, man kann nicht aus einem Merkmal gleich ganz unbedingt schließen, aber im allgemeinen sind doch die Angaben richtig, die ich heute über den Zusammenhang des Seelisch-Geistigen und des Physischen mache –, dass das Menschen sind, die in einem früheren Erdenleben wenig gedacht haben. Leute also mit viel Sommersprossen waren ganz gewiss nicht Denker in einem vorigen Erdenleben.» (236, 139ff.) Weiter hieß es an späterer Stelle innerhalb desselben Vortrags: «Es gibt Menschen, welche den unteren Teil des Rumpfes länger haben als den oberen Teil, also vom unteren Anfang des Rumpfes bis zur Brust länger haben, und dann den oberen Teil, von der Brustmitte bis zum Hals, kürzer haben. Ist dieser Teil von der Brustmitte bis zum Hals kürzer als der untere Teil des Rumpfes, so hat man es mit einem Menschen zu tun, welcher in der Zeit zwischen dem Tod und einer neuen Geburt ein solches geistiges Leben durchgemacht hat, dass er sehr schnell den Aufstieg im Leben zwischen dem Tod und einer neuen Geburt bis zu der Mitte durchgemacht hat. Da ist er sehr schnell gegangen. Dann geht er langsam und behaglich herunter zum neuen Erdenleben. – Hat man es aber zu tun mit einem Menschen, dessen oberer Teil vom Hals bis zur Brustmitte länger ist als der untere Teil von der Brustmitte bis zum Ende des Rumpfes, dann hat man es mit einem Menschen zu tun, der langsam, bedächtig bis zur Mitte gegangen ist in dem Leben zwischen dem Tod und einer neuen Geburt und dann schneller hinuntergeht zum Erdenleben. So dass man also in der Physiognomie, ja in den Maßen des menschlichen Mittelkörpers, die Nachwirkung von der Art und Weise hat, wie der Mensch die erste Hälfte des Durchganges vom Tod zu einer neuen Geburt durchmachte gegenüber der zweiten Hälfte.» (236, 141 f.; zur karmisch bedingten Leibesproportionalität vgl. auch 310, 26 f.)

44 Dabei sollte über das Allgemein-Typische hinaus bedacht werden, dass Rudolf Steiner in seinen Karma-Vorträgen auch den Weg seiner Schicksalsforschung nach einzelnen menschlichen Individualitäten beschrieb – und in der Kontinuität seiner pädagogischen Ausführungen darstellte, dass die entsprechende Forschung häufig ihren Ausgangspunkt von konkreten leiblichen Erscheinungen nahm («[...] Man dringt nicht leicht in das Innere von schicksalsmäßigen, karmischen Zusammenhängen ein, wenn man nicht [...] Interesse hat für die einzelnen Lebensäußerungen eines Menschen. Wirklich, für die karmische Betrachtung ist es geradeso wichtig, Interesse zu haben für eine Handbewegung wie für eine geniale geistige Begabung. Es ist ebenso von Wichtigkeit, beobachten zu können – natürlich auch von der geistigen Seite her, nach astralischem Leib und Ich –, wie ein Mensch sich niedersetzt, wie beobachten zu können, sagen wir, wie er seinen moralischen Verpflichtungen nachkommt. Es ist ebenso wichtig, ob ein Mensch gerne die Stirne runzelt oder leicht die Stirne runzelt, wie es wichtig ist, ob er fromm oder unfromm ist. Es ist eben vieles von dem, was einem im gewöhnlichen Leben unwesentlich erscheint, außerordentlich wichtig, wenn man das Schicksal zu betrachten beginnt, wie es sich von Erdenleben zu Erdenleben hinwebt [...].» 235, 151 f.; «Nicht vom Kopfe Eduard von Hartmanns, sondern von seinem Knie aus fand ich den Weg zu seinen früheren Inkarnationen. Bei anderen Menschen geht es von der Nase aus und so weiter.» 235, 158) Eindrücklich beschrieb Steiner, dass die spezifische Karma-Forschung von einem «prägnantesten Punkt» auszugehen habe (235, 146), d. h. den «Sinn» voraussetze, in «Symptomen» etwas sehen (235, 148) und «signifikante Eigentümlichkeiten» mit einem «tiefgehenden Interesse» (235, 152/3) studieren zu können – «zur karmischen Lebensbetrachtung ist eben durchaus nötig, sich ein gewisses Maß von der Gabe anzueignen, aus sich herauszugehen, in den anderen hineinzugehen» (236, 101). Deutlich wurde durch Steiners Schilderungen, dass die zuvor entwi-

ckelten Schulungs-Charakteristiken seiner Kindes-Anschauung in einem inneren Zusammenhang mit den so beschriebenen Voraussetzungen der eigentlichen Karma-Forschung standen, ja in sinnvoller Weise in diese hineinkulminierten. Auch die im engeren Sinne goetheanistischen Schulungselemente zur Wahrnehmung von Metamorphoseprozessen (vgl. im Hinblick darauf die exemplarische Beziehung zwischen Denkbewegungen und Gangbewegungen in der folgenden Inkarnation: 235, 159) und zur künstlerisch-plastischen Ausarbeitung gewonnener Eindrücke spielten dabei eine zentrale Rolle («Die Art und Weise, wie jemand etwas hält, oder wie er immer gewohnheitsmäßig auf Dinge antwortet – nicht *was* er antwortet, aber *wie* er antwortet, dass er zum Beispiel zunächst immer abweist und erst, wenn er nicht mehr anders kann, zugibt, oder dass er in aller Gutmütigkeit etwas renommiert und so weiter –, solche Züge, die sind es, die wichtig sind, und wenn man die besonders anschaut, so stellen sie sich in den Mittelpunkt der Betrachtungen, und es wächst viel aus ihnen heraus. Man betrachtet die Art, wie jemand etwas angreift, macht sich es ganz gegenständlich, arbeitet es künstlerisch aus; dann bleibt es nicht bei der Betrachtung der Geste, sondern da gliedert sich um die Geste die Gestalt eines anderen Menschen herum.» 236, 54; vgl. auch Steiners ergänzende Ausführungen über die «plastische Anschauung» in der Karma-Forschung: 236, 63 und 239, 193).

45 Innerhalb seines «Heilpädagogischen Kurses» skizzierte Rudolf Steiner den Zusammenhang zwischen Schädel- bzw. Gehirndeformationen und amoralischen Empfindungs- bzw. Verhaltensweisen auf physiologischer Ebene sowie in Bezug auf die individuelle Vergangenheit des Menschen –, und sagte dabei: «Nun denken Sie sich einmal, der Embryo lagert so im Organismus, dass er hier zusammengedrückt wird, dass das Gehirn zu schmal gebildet wird für die ganze übrige Organisation. Jetzt haben Sie dies zu beachten: während der kindlichen Entwicklung durch das zu schmal entwickelte Gehirn haben Sie jene Strahlungen von dem Gehirn, die gerade wichtig sind vom siebenten bis zum vierzehnten Lebensjahre, dadurch gestört und gestaut, weil von dem, was

hier sich staut, ein Abbild eintritt in der Milzfunktion. Was ist die Folge? Die Folge dieses Stauens ist, dass das Kind keine innerliche Sympathie entwickelt für etwas, was ein moralisches Urteil ist; es fehlt ihm die Sympathie dafür. Wie für einen Farbenblinden die Farben nicht da sind, so sind für gewisse Kinder die moralischen Impulse, die in unserem Sprechen, in unseren Ermahnungen liegen, nicht da. Das Kind wird dadurch moralblind. […] – Wir werden also an äußeren Deformationen, wenn wir sorgfältig vorgehen, immer ein wunderbares Symptom haben können. Und man wird immer gar vieles finden, was gegen diese scharlatanhafte Betätigung aller Phrenologie eingewendet wird, aber zur Beurteilung von moralischen Defekten sollte eigentlich von jedem eine echte Phrenologie schon studiert werden. Denn es ist schon interessant, zu sehen, dass moralische Defekte, die mit dem Karma zusammenhängen, dass diese so starke Kräfte sind, wo karmische Immoralität ist, dass sie unweigerlich in Deformationen des physischen Organismus auftreten.» (317, 57; zur Bedeutung des Milzorganes für die «unbewusste Verstandes- und Vernunft-» bzw. «Instinkttätigkeit» – «diese Milzfunktionen sind nun geradezu anzusprechen als wesentlich das unterbewusste Seelenleben regelnd» – vgl. 312, 296f. und Peter Selg: *Vom Logos menschlicher Physis*, S. 504).

46 «Krämpfe sind, wenn sie ins menschliche Leben eingreifen, ungemein stark hinweisend auf das menschliche Karma. Wenn man vom geisteswissenschaftlichen Standpunkte aus mit ernster, verantwortlicher wissenschaftlicher Untersuchung an Krampferscheinungen herangeht, so findet man immer, da liegt beim Menschen ein bestimmtes Karma vor, Ergebnisse von Taten, Gedanken und Gefühlen früherer Erdenleben. […] Der Mensch kommt aus der geistigen Welt mit bestimmten karmischen Voraussetzungen herunter; er trägt sie in sich. Nehmen wir an, bei A wäre für einen Menschen eine Stelle, wo er in einem bestimmten Zeitpunkte seines Lebens sein Karma irgendwie verwirklichen sollte; aber durch irgend etwas geht es nicht. Dann setzt er sozusagen mit Bezug auf die Verwirklichung seines Karma aus, und es muss eine kürzere Zeit verfließen, wo sein Karma aussetzt; er muss dies

dann für das nächste Erdenleben verschieben. Dann geht es so weiter. Wieder kommt eine Stelle, bei B, wo er etwas von seinem Karma verwirklichen sollte; aber er muss wiederum aussetzen, muss wiederum etwas von seinem Karma auf das nächste Erdenleben verschieben. Immer nun, wenn man nötig hat, so sein Karma auszusetzen, entstehen krampfartige Erscheinungen im Leben. Man kann etwas, was man im Inneren trägt, nicht ganz herausbilden in sein Leben.» (310, 28f.)

47 «Wenn man [...] weitergeht und die seelisch-organischen Ursachen für Sprachstörungen untersucht, dann findet man immer, dass da ein Hindernis da ist, das zwischen Tod und neuer Geburt erlebte Übersinnliche in die physische Welt durch die Körperlichkeit herunterzutragen. Nun muss man sich fragen: Was liegt bei einer solchen Persönlichkeit vor, die also sehr viel in sich hat, allerdings auch durch ihr vorheriges Karma, aber – aufgespeichert ist es worden im Dasein zwischen Tod und neuer Geburt – die das Aufgespeicherte nicht herunterbringen kann, und bei der sich dieses Nicht-herunterbringen-Können im Stottern zeigt?» (310, 31)

48 «Das Phänomen der Linkshändigkeit ist ein ausgesprochen karmisches Phänomen, und ist in Bezug auf das Karma ein Phänomen der karmischen Schwäche. Wenn ich ein Beispiel nehmen soll: Ein Mensch, der im vorhergehenden Leben sich überarbeitet hat, so dass er sich übernommen hat, nicht nur physisch oder intellektuell in der Arbeit, sondern überhaupt geistig oder seelisch oder im Gemüt, und der dann dadurch in einem darauffolgenden Leben mit einer starken Schwäche kommt, der ist nicht imstande – der Teil des Menschen im neuen Leben, der aus dem Leben zwischen Tod und neuer Geburt kommt, ist besonders im unteren Menschen konzentriert; der aus dem vorigen Leben stammende mehr im Kopfteil –, diese karmische Schwäche, die jetzt im unteren Menschen ist, zu überwinden. Dadurch wird das, was sich sonst stark ausbildet, das wird schwach, und dafür werden als Ersatz das linke Bein und die linke Hand besonders engagiert und zur Hilfe genommen. Das Vorherrschen der linken Hand führt dazu, dass statt der linken jetzt die rechte Stirnwindung des Gehirns in der Sprache bemüht

wird.» (300 c, 58) Im Fortgang dieser Darstellung einer Lehrerbesprechung vom 25. Mai 1923 ging Rudolf Steiner auch auf die Folgen der unkorrigierten Linkshändigkeit oder einer – häufig pädagogisch angestrebten – Beidhändigkeit unter karmischen Gesichtspunkten ein – und sagte: «Gibt man dem [der Linkshändigkeit bzw. -betonung] zu sehr nach, so bleibt diese Schwäche vielleicht auch für das später folgende, also dritte Erdenleben zurück. Gibt man dem nicht nach, so gleicht sich die Schwäche aus. Hält man [dagegen] das Kind an, alles rechts und links gleich gut auszuführen, Schreiben, Zeichnen, Arbeiten, so wird der innere Mensch so neutralisiert, dass das Ich und der Astralleib so herausgehoben werden, dass der Mensch ganz schlapp wird im späteren Leben. Der Ätherleib ist ohnehin links stärker als rechts, der Astralleib ist rechts stärker entwickelt als links. Das darf man nicht umgehen, darauf muss man Rücksicht nehmen. Es darf kein mechanischer Ausgleich versucht werden. Es ist das Dilettantischste, was geschehen kann, wenn man anstrebt, dass mit beiden Händen gleichmäßig gearbeitet werden soll. Das Streben nach gleichmäßiger Ausbildung beider Hände, das ist zusammenhängend mit der heutigen völligen Unkenntnis vom Wesen des Menschen.» (300 c, 58; vgl. auch Steiners diesbezügliche Vortragsdarstellungen vom 7. 5. 1920 [Basel; GA 301] und 2. 8. 1922 [Dornach; GA 347], in denen jedoch der karmische Hintergrund nicht thematisiert wurde)

49 Zur physiologischen Individualisierung des «Modelleibes» und zum spirituellen Hintergrund der Kinderkrankheiten vgl. Peter Selg (Hg.): *Rudolf Steiner. Quellentexte für die Wissenschaften. Texte zur Medizin. Band 3: Physiologische Menschenkunde*, S. 147ff.

50 Auch in seinen Vorträgen vor den «jungen Medizinern» sprach Rudolf Steiner im April 1924 andeutend über diese anschauliche Signatur des 2. Lebensjahrsiebtes und sagte dabei u.a.: «Da hat man in einer Schule wie der Waldorfschule die Kinder zwischen dem siebenten und dem vierzehnten Lebensjahr: Da ändert sich das [Modelleib-geprägte Konstitutionsgefüge], da hat der Mensch ausgebildet seinen zweiten Menschen. Da habe ich ein Kind vor mir, das ist aus dem

vorirdischen Dasein hereinmodelliert nach dem Modell, das abgeworfen ist, und jetzt sind in dem Kinde natürlich Vererbungskräfte geblieben. Die sind in das Modell, in die Imitation des Modells hineingefügt. Jetzt ist das Kind viel zu unirdisch. Denn jetzt hat das Außerirdische an dem Kind besonders stark gearbeitet, jetzt ist eigentlich der Schwingungsumschlag nach der entgegengesetzten Seite da. Vorher war das auch äußerlich am Menschen sichtbar, er war ganz Vererbungsprodukt, jetzt ist das, was äußerlich sichtbar ist, eigentlich ganz von innen entstanden.» (316, 152)

51 Vgl. hierzu die Erinnerungsdarstellung von Ernst Lehrs, in: Hermann Girke: *Franz Löffler. Ein Leben für Anthroposophie und heilende Erziehung im Zeitenschicksal.* Dornach 1995, S. 320ff. (zu einer möglicherweise vergleichbaren Situation innerhalb des Januarkurses für die «jungen Mediziner» – mit einer deutlichen Zurückstellung intendierter esoterischer Unterweisungen von Seiten Rudolf Steiners – vgl. u.a. meine Publikationen *Helene von Grunelius und Rudolf Steiners Kurse für die jungen Mediziner. Eine biographische Studie.* Dornach 2003, S. 67ff. und *Die Briefkorrespondenz der «jungen Mediziner». Eine dokumentarische Studie zur Rezeption von Rudolf Steiners «Jungmediziner»-Kursen.* Dornach 2005)

52 Zit. nach Wilhelm Uhlenhoff, a.a.O., S. 111.

53 Vgl. 317, 129ff. (dort sprach Rudolf Steiner u.a. von «Hemmungen, die im astralischen Leibe» liegen und durch die der Junge «nicht den Zugang findet zu dem, was die Urteilsmäßigkeit ist unter den Menschen in der äußeren Welt» [317, 129] und beschrieb die sekundären Dislokationsprozesse im Bereich der funktionellen Systeme, die das kleptomane Welt-Verhalten ermöglichen).

54 Zit. nach Wilhelm Uhlenhoff, a.a.O., S. 111.

55 Generell betrachtete Rudolf Steiner es als die Aufgabe der – heilsamen – *Erziehung,* die Ich-Individualität des Kindes zu unterstützen, ihren Weg trotz der vorhandenen physisch-ätherischen Widerstände finden und in größtmöglicher innerer Freiheit gehen zu können. Am 22. Juni 1922 sagte er dazu erläuternd in Stuttgart: «Wir müssen uns ja durchaus be-

wusst sein, dass eine geistig-seelische Individualität in jedem Kinde verkörpert ist, und dass wir in dem, was wir als das körperhafte Kind vor uns haben, eigentlich zunächst nicht einen wahren Ausdruck der kindlichen Individualität haben. Die Gesetzmäßigkeit, die Gliederung des menschlichen Organismus ist ja [...] eine außerordentlich komplizierte. Und durch die verschiedensten Ursachen ist dasjenige, was die wahre Individualität eines Kindes ist, durch Hemmnisse im physischen und auch im ätherischen Organismus gehindert, sich vollkommen auszuleben, so dass wir eigentlich in dem Kinde immer vor uns haben die zunächst mehr oder weniger unbekannte wirkliche Individualität und dasjenige, was eigentlich maskiert ist durch das Leibliche des Kindes. Es ist dieselbe Wahrheit auch möglich in jener anderen Form auszudrücken, die ich versuchte auch in den öffentlichen Vorträgen in Wien [GA 83] zu sagen: Wir müssen uns bewusst sein, dass in irgendeiner Individualität eines Kindes, wenn wir es radikal charakterisieren, ein Genie stecken könnte, und es könnte ja auch sein, dass wir selbst als Lehrer und Erzieher kein Genie wären. Wenn dieses Verhältnis stattfindet, dass das Kind ein Genie ist und der Lehrer kein Genie ist, so ist das ein vollständig berechtigtes Verhältnis, denn es können nicht alle Lehrer Genies sein, und die Pädagogik hat es mit den allgemeinen Gesetzen zu tun. Aber es würde selbstverständlich ganz falsch sein, wenn dann der Lehrer seine eigene Individualität oder sogar seine eigenen Sympathien und Antipathien dem Kinde einimpfen wollte, wenn er dem Kinde dasjenige als das Richtige, als das Wünschenswerte und so weiter beibringen wollte, was er selbst für das Richtige und für das Wünschenswerte hält. Er würde dann das Kind selbstverständlich auf seinem Niveau zurückhalten, und das dürfen wir unter keinen Umständen. Wir können uns da außerordentlich zu Hilfe kommen, wenn wir, ich möchte sagen, wiederum meditierend uns recht tief zum Bewusstsein bringen, dass alle Erziehung mit der wirklichen Individualität des Menschen im Grunde genommen gar nichts zu tun hat, dass wir eigentlich als Erzieher und Unterrichter im wesentlichen die Aufgabe haben, mit Ehrfurcht vor der Individualität zu stehen, ihr die Möglichkeiten zu bieten, dass sie ihren eigenen Entwicklungsgesetzen folge und wir nur die im Physisch-Leiblichen und im Leiblich-Seelischen, also im physischen Leibe und im Ätherleibe liegenden Entwickelungshemmungen wegräumen. Wir sind nur dazu berufen, diese im Physisch-Leiblichen und im Leiblich-Seelischen liegenden Hemmungen wegzuräumen und die Individualität frei sich entwickeln zu lassen.» (302a, 87f.; vgl. auch Steiners Ausführungen zwei Monate zuvor in Stratford-on-Avon, in denen es hieß: «[Die] innerste Individualität erzieht sich eigentlich immer selbst; sie erzieht sich durch dasjenige, was sie wahrnimmt in der Umgebung, was sie mit Sympathie aufnimmt durch das Leben, durch die Situationen des Daseins, in die sie hineingestellt ist. In dieses kann der Erzieher oder Lehrer nur indirekt wirken: Dadurch, dass er das Leibliche und Seelische des Menschen so bildet, dass später im Leben der Mensch die möglichst geringsten Hindernisse und Hemmnisse an seiner eigenen Leiblichkeit, an dem Temperament und den Emotionen, durch den Charakter seiner Erziehung hat.» (304, 194) Auch am 14. April 1924 sagte Rudolf Steiner noch einmal erläuternd in Bern: «Nicht darum kann es sich handeln, dass wir mit der pädagogischen Kunst gegen das Schicksal handeln; aber man muss erreichen, was im Schicksal veranlagt ist. Heute bleibt man vielfach mit der Erziehung hinter dem zurück, was im Schicksal veranlagt ist. Wir müssen der Schicksalsveranlagung soweit nachkommen, dass der Mensch im Denken die ihm für das Leben höchste mögliche Klarheit, im Fühlen die nach seinem Schicksal für ihn denkbar höchste liebevolle Vertiefung, und im Wollen die nach seinem Schicksal höchste mögliche Energie und Tüchtigkeit erringe.» 309, 40) Zur *therapeutischen* Intervention als – ebenfalls «erzieherisch» wirksame – Anregung und Hilfestellung für die Ich-Individualität und die ihr assoziierten höheren Wesensglieder-Organisationen, organismische Situationen neu gestalten zu können, vgl. Peter Selg: *Krankheit, Heilung und Schicksal des Menschen. Über Rudolf Steiners geisteswissenschaftliche Pathologie- und Therapieverständnis*, S. 109ff. und Anm. 55.

56 Auch im «Heilpädagogischen Kurs» betonte Rudolf Steiner bezüglich des Jungen die Notwendigkeit einer Algen-Therapie (in Injektionsform) und sagte zu Beginn seiner entsprechenden Erläuterungen: «Die Algeninjektionen, die können Sie ja ihrem Wesen nach verstehen, aber es ist gut, wenn Sie über diese Dinge tiefer nachsinnen, weil Sie sie ja selbständig in den einzelnen Fällen anwenden sollen.» (317, 150) In der Folge beschrieb Rudolf Steiner dann die prinzipielle Möglichkeit, durch therapeutische Algen-Gaben in das Wirkgefüge zwischen Astralleib und Ätherleib einzugreifen (ebd.) – In diesem Zusammenhang sollte generell Berücksichtigung finden, dass die von Rudolf Steiner empfohlenen therapeutischen Interventionen ganz offensichtlich nirgendwo auf der – im innersten Raum der Freiheit lebenden – Individualitätsdimension angesiedelt waren, sondern konsequent im Bereich der nachgeordneten Kräftesphären (vgl. auch Anm. 55). *Deren* zunehmend spezifische Erkenntnis und Durchdringung als Ort und Voraussetzung einer jeglichen therapeutischen Veränderung war ganz offensichtlich das Ziel von Rudolf Steiners medizinisch-heilpädagogischen Unterweisungen. Die therapeutischen Anregungen realisieren sich im Bereich der menschlichen Wesensglieder und ihrer Organisationsformen – sie schaffen damit gegebenenfalls auch die Bedingungen für ein verstärktes oder verändertes Eingreifen der Ich-Individualität selbst, berühren jedoch nicht ihren eigentlichen Schicksals- und Freiheitsraum. (Eine eigentliche Schicksals-Erkenntnis ist für den tätigen Pädagogen, Heilpädagogen und Arzt demnach auch kein obligat notwendiger Bestandteil seiner Berufsausübung, wenngleich sie im Fortgang des berufsspezifischen Schulungsweges in gewisser Hinsicht vorbereitend veranlagt wird.) Über die Problematik einer – im strengen Wortsinne verstandenen – «individuellen Therapie» bzw. über die reale Wirkensebene einer therapeutischen Intervention schrieb in dieser Hinsicht auch Matthiessen: «Insoweit sich mit dem Anspruch, eine «individuelle Therapie» zu betreiben bzw. anzustreben eine ärztliche Einstellung bekundet, diagnostisches Erkennen und therapeutisches Handeln nicht an isolierten biologischen oder psychologischen

Phänomenen, sondern an der Gesamtsituation einer «ganzen» kranken Person zu orientieren, ist dem Bemühen um eine in diesem Sinne individuelle Therapie natürlich nachdrücklich zuzustimmen. Nur sollte dabei nicht übersehen werden, dass es sich bei den verabreichten therapeutischen Mitteln und Maßnahmen selbst keineswegs um individuelle, sondern um typische Qualitäten handelt und dass auch ihre Anwendung nicht unter dem Aspekt der Einzigartigkeit des Kranken, sondern unter typologischen Gesichtspunkten erfolgt. Der Prozess der Individualisierung scheint mir, soweit ich sehe, an einem anderen Ort, nämlich im Kranken selbst als dem eigentlichen «Leistungserbringer» einer jeden Gesundung zu liegen. Analog dem Phänomen, dass schon lebende Organismen des Pflanzen- und Tierreichs auf ganz unterschiedliche, also auf unspezifische äußere Reize mit eigengesetzlich-autonomen, artspezifischen Reaktionen antworten, scheint mir das eigentlich Individualisierende einer Therapie beim Menschen in demjenigen zu liegen, was das einzelne Individuum aktiv und eigengesetzlich, gemäß seiner Eigen-Art aus dem therapeutisch Angebotenen macht. Mit anderen Worten: Die unter typologischen Gesichtspunkten verabreichte typische Arznei, sei sie Arzneimittel oder Gespräch, kann dem Individuum Anstoß dafür werden, sich im Zuge einer Selbstheilung von neuem selbst zu «arten». Als im eigentlichen Sinne individuell erweisen sich damit nicht die therapeutischen, wohl aber die durch sie angestoßenen (auto)salutogenetischen Maßnahmen. Wäre dies anders, würde Therapie eine instruierend-richtungsvorgebende Direktwirkung entfalten, ohne der Eigenwesenheit Mensch die Möglichkeit zur «eigen-artigen» Selbstheilung zu belassen, dann würde gerade einer in diesem Sinn missverstandenen individuellen Therapie die Eigenschaft zukommen, «übergriffig» zu sein und damit mit der Menschenwürde zu kollidieren.» (Der diagnostisch-therapeutische Prozess als Problem der Einzelfallforschung, S. 49f.; vgl. zu Rudolf Steiners eigener Unterscheidung zwischen «sehr individuell», d. h. auf je besondere Wesensglieder-Situationen ausgerichtete Therapien und Behandlungsweisen von «typischen Krankheiten» mit «typischen Heilmitteln» jedoch auch die entsprechenden Ausführungen in: *Grundlegendes zu einer Erweiterung der Heilkunst*, S. 117 bzw. S. 98–134)

57 Willfried Immanuel Kunert starb – anders als in der Monographie von Wilhelm Uhlenhoff und der kasuistischen Sammlung von Hilma Walter angegeben – am 30. *November* 1925. In den Aufzeichnungen der zuletzt betreuenden Schwester Wilma Kunz heißt es über diesen Tag: «Willfried starb am Morgen um 9h. Die Kinder beteten in dem Augenblick das Dank-Gebet im Zimmer nebenan. – «Erde, die uns dies gebracht / Sonne, die es reif gemacht / Liebe Sonne / Liebe Erde / Euer nie vergessen werde.» – Ich konnte den ganzen Tag bis tief in die Nacht bei ihm sein.» (Ita Wegman Archiv, Arlesheim) Vgl. Peter Selg: *Willfried Immanuel Kunert. Zur Lebens- und Therapiegeschichte eines Kindes aus dem «Heilpädagogischen Kurs».* Dornach 2006.

58 Rudolf Steiner sah das Kind bereits sieben Tagen später wieder und allein in den ersten Märzwochen noch weitere drei Male (vgl. Wilhelm Uhlenhoff, a. a. O., S. 138). Über den konkreten Schicksalshintergrund der hydrocephalen Konstitution – die Steiner Monate später im «Heilpädagogischen Kurs» auf der morphologisch-funktionellen Kräfteebene als «retardierte Metamorphose» beschreiben (317, 174) und in ihren Wirkbezügen zu den elterlichen Wesensgliedern aufzeigen sollte (317, 122f.) – war sich Rudolf Steiner Mitte März ganz offenbar noch nicht völlig im Klaren. Die Mutter des Kindes notierte in ihren, kurz vor ihrem eigenen Tod niedergeschriebenen Aufzeichnungen ein diesbezügliches Gespräch mit Ita Wegman vom 16. März mit den Worten: «Sie meinte, es sei ein tiefes Geheimnis, das Dr. Steiner selbst noch nicht ganz ergründet habe – schon wegen seiner ungemessenen Inanspruchnahme.» (a. a. O., S. 45) Die heilpädagogische Vortragsdarstellung vom 3. Juli – mit der Andeutung eines «ganz außerordentlich starken Zusammenhangs [der Mutter mit dem Kind] im karmischen Sinne» (317, 122) – spricht jedoch dafür, dass Rudolf Steiner die entsprechenden Beziehungen in der Zwischenzeit geisteswissenschaftlich weiter aufgehellt und sehr wahrscheinlich

auch mit der Mutter des Kindes besprochen hatte. Vgl. Peter Selg: Willfried Immanuel Kunert. *Zur Lebens- und Therapiegeschichte eines Kindes aus dem «Heilpädagogischen Kurs».* Dornach 2006.

59 M.J. Krück von Poturzyn: *Aufbruch der Kinder 1924,* S.31.

60 Ebd., S.32.

61 Zur besonderen biographisch-spirituellen Bedeutung des Arnheimer Vortragszyklus' vom Juli 1924 für Ita Wegman vgl. Emanuel Zeylmans van Emmichoven: *Wer war Ita Wegman. Eine Dokumentation.* Erster Band. Dornach[2] 2000, S.214ff.

*

Literaturverzeichnis

a) im Text und in den Anmerkungen zitierte Werke
Rudolf Steiners

GA 27   Grundlegendes für eine Erweiterung der Heilkunst nach geisteswissenschaftlichen Erkenntnissen (1925): 7. Auflage 1991.

GA 28   Mein Lebensgang (1923–1925): 9. Auflage 2000

GA 235   Esoterische Betrachtungen karmischer Zusammenhänge. Erster Band (1924): 8. Auflage 1994.

GA 236   Esoterische Betrachtungen karmischer Zusammenhänge. Zweiter Band (1924): 6. Auflage 1988.

GA 238   Esoterische Betrachtungen karmischer Zusammenhänge. Vierter Band (1924): 6. Auflage 1991.

GA 239   Esoterische Betrachtungen karmischer Zusammenhänge. Fünfter Band (1924): 3. Auflage 1985.

GA 293   Allgemeine Menschenkunde als Grundlage der Pädagogik (1919): 9. Auflage 1992.

GA 295   Erziehungskunst. Seminarbesprechungen und Lehrplanvorträge (1919): 4. Auflage 1984.

GA 298   Rudolf Steiner in der Waldorfschule (1919–1924): 2. Auflage 1980.

GA 300a   Konferenzen mit den Lehrern der Freien Waldorfschule 1919–1921: 2. Auflage 1995.

GA 300b   Konferenzen mit den Lehrern der Freien Waldorfschule 1921–1923: 2. Auflage 1995.

GA 300c   Konferenzen mit den Lehrern der Freien Waldorfschule 1923–1924: 2. Auflage 1995.

GA 302a   Erziehung und Unterricht aus Menschenerkenntnis (1920–23): 4. Auflage 1993.

GA 303   Die gesunde Entwickelung des Menschenwesens (1921–22): 4. Auflage 1987.

GA 304   Erziehungs- und Unterrichtsmethoden auf anthropo-
          sophischer Grundlage (1921–22): 1. Auflage 1979.
GA 305   Die geistig-seelischen Grundkräfte der Erziehungs-
          kunst (1922): 3. Auflage 1991.
GA 308   Die Methodik des Lehrens und die Lebensbedin-
          gungen des Erziehens (1924): 5. Auflage 1986.
GA 309   Anthroposophische Pädagogik und ihre Vorausset-
          zungen (1924): 5. Auflage 1981.
GA 310   Der pädagogische Wert der Menschenerkenntnis und
          der Kulturwert der Pädagogik. (1924): 4. Auflage
          1989.
GA 311   Die Kunst des Erziehens aus dem Erfassen der Men-
          schenwesenheit (1924): 5. Auflage 1989.
GA 312   Geisteswissenschaft und Medizin (1920): 7. Auflage
          1999.
GA 314   Physiologisch-Therapeutisches auf Grundlage der
          Geisteswissenschaft (1920–24): 3. Auflage 1989.
GA 316   Meditative Betrachtungen und Anleitungen zur Ver-
          tiefung der Heilkunst (1924): 4. Auflage 2003.
GA 317   Heilpädagogischer Kurs (1924): 8. Auflage 1995.

b) Sekundärliteratur

Blankenburg, Wolfgang: Das Erfordernis einer «evolutionis-
tischen Organologie» als Brückenschlag zwischen Anthropo-
logie und Anthroposophie. In: Die Drei 1971, 2: 75–78.
– Was heißt Erfahrung? In: Metraux, A., Graumann C.F. (Hg.):
Versuche über Erfahrung. Bern/Stuttgart/Wien 1975.
– Nomothetische und idiographische Methodik in der Psychiat-
rie. Schweizer Archiv für Neurologie, Neuchirurgie und Psy-
chiatrie 1981; 128: 13–30.
– «Geschichtlichkeit» als Perspektive von Lebensgeschichte
und Krankengeschichte. In: Bühler, Karl-Ernst und Weiß,
Ernst (Hg.): Kommunikation und Perspektivität. Beiträge zur
Anthropologie aus Medizin und Geisteswissenschaft. Bonn
1985.
– Individualität und Krankheitslehre in der Psychiatrie. Zum
Umgang mit der Biographie des Kranken. In: Bochnik H.J.,

Gärtner-Huth C. und Richtberg W. (Hg.): Der einzelne Fall und die Regel. Köln 1988.

– Lebensgeschichte und Krankengeschichte. In: Blankenburg, Wolfgang (Hg.): Biographie und Krankheit. Stuttgart/New York 1989.

– Phänomenologic als Grundlagendisziplin der Psychiatrie. In: Fundamenta Psychiatrica 1991; 5: 92–101.

Goyert, Ingeborg: Rudolf Steiner als Therapeut. Kindheitserinnerungen einer Patientin. Privatdruck 1992.

Heydebrand, Caroline von: Rudolf Steiner in der Waldorfschule. Stuttgart 1927.

Holtzapfel, Walter: Seelenpflegebedürftige Kinder. Zur Heilpädagogik Rudolf Steiners. Dornach[5] 1995.

König, Karl: Heilpädagogische Diagnostik. Arlesheim 1983/84

– Vorträge zum Heilpädagogischen Kurs. Stuttgart 2000

Krück von Poturzyn, M.J.: Aufbruch der Kinder 1924. Stuttgart[1] 1968.

Matthiessen, Peter F.: Die Diagnose – eine prognoseorientierte individuelle Therapieentscheidung. In: System Familie 1998; 11:60–69.

– Der diagnostisch-therapeutische Prozess als Problem der Einzelfallforschung. In: Ostermann, Thomas/Matthiessen, Peter F.: Einzelfallforschung in der Medizin. Bedeutung, Möglichkeiten, Grenzen. Frankfurt 2003.

Rittelmeyer, Friedrich: Meine Lebensbegegnung mit Rudolf Steiner. Stuttgart[10] 1983.

Selg, Peter: Vom Logos menschlicher Physis. Die Entfaltung einer anthroposophischen Humanphysiologie im Werk Rudolf Steiners. Dornach[1] 2000.

– Eugen Kolisko. In: Peter Selg: Anfänge anthroposophischer Medizin. Dornach 2000.

– Rudolf Steiner und Eugen Kolisko: Die Gründung der Waldorfschule und der erste Schularzt. In: Peter Selg (Hg.): Eugen Kolisko. Vom therapeutischen Charakter der Waldorfschule. Dornach 2002.

– Krankheit, Heilung und Schicksal des Menschen. Über Rudolf Steiners geisteswissenschaftliches Pathologie- und Therapieverständnis. Dornach 2004.

- Rudolf Steiner. Quellentexte für die Wissenschaften. Texte zur Medizin. Band 3: Physiologische Menschenkunde. Band 4: Pathologie und Therapie. Dornach 2004.
- Der Engel über dem Lauenstein. Siegfried Pickert, Ita Wegman und die Heilpädagogik. Dornach 2004.
- «Eine grandiose Metamorphose». Zur geisteswissenschaftlichen Anthropologie und Pädagogik des Jugendalters. Dornach 2005.

Uhlenhoff, Wilhelm: Die Kinder des Heilpädagogischen Kurses. Krankheitsbilder und Lebenswege. Stuttgart[2] 1996.

Walter, Hilma: Abnormitäten der geistig-seelischen Entwicklung in ihren Krankheitserscheinungen und den Behandlungsmöglichkeiten. Arlesheim[1] 1955.

Weihs, Thomas J.: Das entwicklungsgestörte Kind. Stuttgart[2] 1995.

Monographie zur geisteswissenschaftlichen
Entwicklungsphysiologie und Pädagogik

1. Band

Peter Selg

«Eine grandiose Metamorphose»

Zur geisteswissenschaftlichen Anthropologie und
Pädagogik des Jugendalters

2. Auflage 2011
152 Seiten, ISBN 978-3-7235-1433-7

Inhalt:

VERLAG AM GOETHEANUM

Monographie zur geisteswissenschaftlichen
Entwicklungsphysiologie und Pädagogik

3. Band

Peter Selg

«Willfried Immanuel Kunert»

Zur Lebens- und Therapiegeschichte eines Kindes
aus dem «Heilpädagogischen Kurs»

2006, 96 Seiten, ISBN 978-3-7235-1276-0

Inhalt:

VERLAG AM GOETHEANUM

Sergej O. Prokofieff | Peter Selg

Das Leben schützen

Ärztliche Ethik und Suizidhilfe.
Eine Betrachtung aus anthroposophischer Sicht

2. Aufl. 2016, 104 Seiten, ISBN 978-3-7235-1415-3

Die vorliegenden Aufsätze sind durch die Diskussion um «assistierten Suizid» in der Schweiz veranlasst. Wer sich mit dem Umkreis dieser Thematik befasst, muss feststellen, dass die Bereitschaft, Menschenleben künstlich zu beenden oder beenden zu lassen, also Menschen bewusst zu töten, um ihnen Leiden – wie man glaubt – zu ersparen, stetig zunimmt. In Holland gibt es inzwischen den Spezialarzt für Euthanasie als zertifizierte Weiterbildung. Dort wird die Euthanasie-Praxis öffentlich rege diskutiert und die Zahl der durch Euthanasie getöteten Patienten jedes Jahr publiziert. In den deutsch sprechenden Ländern herrscht keine Transparenz, da aktive Sterbehilfe generell verboten ist … Anthroposophen, insbesondere anthroposophische Ärzte sind heute aufgerufen, zu Vorgängen wie in der Schweiz oder in Holland klar Stellung zu beziehen und die öffentliche Meinungsbildung durch das «Bewusstsein des Menschentums», das sich durch Anthroposophie ausbildet, zu befruchten.

VERLAG AM GOETHEANUM

Ita Wegman Institut
für anthroposophische
Grundlagenforschung

Im Ita Wegman Institut für anthroposophische Grundlagen-
forschung wird die von Dr. phil. Rudolf Steiner (1861–1925) in
Schrift- und Vortragsform entwickelte anthroposophische Geistes-
wissenschaft ideengeschichtlich aufgearbeitet, unter werkbiogra-
phischer Akzentuierung und im Kontext der Wissenschafts- und
Sozialgeschichte des 19. und 20. Jahrhunderts.
Das Institut unterhält mehrere, öffentlich zugängliche Arbeits-
archive, die auf den Nachlässen von wegweisenden Mitarbeitern
Rudolf Steiners beruhen, insbesondere im Bereich der Medizin,
Heilpädagogik und Pädagogik (Ita Wegman Archiv, Hilma Walter
Archiv, Willem Zeylmans van Emmichoven Archiv, Karl König
Archiv und Karl Schubert Archiv).
Die Arbeiten des Ita Wegman Instituts werden von verschiedenen
Stiftungen – in erster Linie der Software AG-Stiftung (Darmstadt)
– sowie einem internationalen Freundes- und Förderkreis unter-
stützt.

Pfeffingerweg 1A · CH–4144 Arlesheim · Schweiz
Leitung: Prof. Dr. P. Selg
www.wegmaninstitut.ch · E-mail: sekretariat@wegmaninstitut.ch